省エネ住宅に取り組む
工務店が気をつけたい
落とし穴

_{弁護士法人} 匠総合法律事務所 著

建築技術

省エネ住宅に取り組む工務店が
気をつけたい落とし穴

　これまで建物の構造部分についての安全性の確保については，法律上の対策（瑕疵担保履行法による保険法人による現場検査の履行など）が取られ，最近では，構造欠陥が問題となる裁判事例が少なくなってきた，という印象をもっております。

　住宅会社も構造上の安全性については，もはや「当然確保すべき性能」という認識をもっているのではないでしょうか？

　他方で，「省エネ住宅」「ZEH」など，新しいトレンドに対して，「興味がある」住宅会社は多いと思いますが，省エネ住宅を支える断熱工事・気密工事に関して，どの程度深い理解とチェック体制を敷いているか？　改めて検証をしていただきたいと思います。

　本書は，匠総合法律事務所にて，これまでに取り扱ったトラブル案件を事例集約し，各事例について弁護士が解説をする構成にて執筆しています。

　トラブルは，脇が甘いところを突かれるケースが多く，皆様方が省エネ住宅に真剣に取り組むにあたって注意すべきポイントを「省エネ住宅に取り組む工務店が気をつけたい落とし穴」として示し，脇を固めるための社内体制の整備にご活用いただきたいと思います。

住宅業界は,「義務化」がなされないと「よい取り組み」が積極的に活用されない弱点を有しているのですが,業界の成長のためには,「消費者の方々にすべての性能値が高い住宅を提供しよう」という攻めの心意気と,「消費者の方々に残念な思いをさせないようにミス防止の体制をより高めよう」という守りの姿勢の「攻めと守り」の両面をもって,自社のブランド価値の向上の意識で,省エネについても「義務化」がなされるか否かにかかわらず積極的に取り組みをいただきたいと思います。

　私たち匠総合法律事務所の弁護士各位が1年以上の時間をかけ,熱意を込めて本書の執筆にあたりました。執筆者を代表して住宅業界の皆様に,改めて「省エネトラブルが起きない体制整備」をお願いしたいと思います。

2017年3月末日

執筆者を代表して
弁護士法人　匠総合法律事務所
代表社員弁護士　秋野卓生

目 次

省エネ住宅に取り組む工務店が気をつけたい落とし穴　002

第 1 章
省エネ義務化に向けた法政策の概要 008

01 ｜ 住宅の省エネルギー政策の発展　010
02 ｜ 省エネルギー基準と「瑕疵」　012
03 ｜ 省エネルギー住宅の今後　014

第2章
断熱材施工にまつわるトラブル事例 016

1：断熱性能の低下・断熱欠損の指摘
01｜サーモグラフィカメラによる異常低温状態の指摘　018
02｜基礎の根入れ深さがないのに基礎断熱を施工　022
03｜部分的に断熱材を「既存のまま」としたことによる断熱性能の低下　026

2：契約書類・設計図書・基準書等と異なる施工
01｜建築確認申請図に記載された断熱材が施工されていない　030
02｜見積書記載の断熱材施工面積を満たして施工していた場合　034
03｜施主の承諾を得た上，設計図書と異なる設計を行った場合　038
04｜断熱工事と防火不適合　043
05｜住宅型式性能認定の仕様と異なる断熱材の施工　046
06｜フラット35の仕様書を基準とした瑕疵判断　050
07｜広告において記載した場所に断熱材が入っていなかった場合　054
08｜省エネ法に違反しているとの指摘　058

3：断熱材未施工・施工不良の指摘
01｜断熱材のわずかな隙間　062
02｜壁・天井用断熱材の床下への使用　066
03｜サッシ周りの断熱材未施工　070
04｜ユニットバス周囲に断熱材が施工されていないとのクレーム　074
05｜広縁，納戸，キャットスペースの断熱材未施工　078
06｜結露やカビの原因は断熱材の老朽化などであるとの主張　083
07｜大引きの位置に入れられた床下断熱材　088
08｜所期の断熱効果が得られない断熱塗料の施工　092
09｜監理者の指示がないことによる断熱材未施工　096
10｜5年以上前に建築した建物の断熱材未施工　100

第3章
ゼロ・エネルギー住宅の
広告・契約において気をつけたいこと　104

1：ゼロ・エネルギー住宅の契約トラブル
01｜「ZEH」を広告として謳った場合のトラブル　106
02｜コストアップによるトラブル　111

2：ゼロ・エネルギー等の説明
01｜断熱性能を強調する意味での「ゼロ・エネルギー」　116
02｜広告で断熱性能を温度で表すリスク　120
03｜光熱費のシミュレーション広告　124
04｜オール電化・太陽光による発電量の説明の誤り　128
05｜自家発電システムの性能に関する説明の誤り　132

3：補助金等に関するトラブル
01｜請負契約が解除された場合のエコポイント相当分の損害　136
02｜履行遅滞により補助金交付が受けられなかった場合　140
03｜電気代増額部分の損害賠償請求　144

第4章
ZEH補助金申請をめぐる
トラブル事例　148

1｜ネット・ゼロ・エネルギー・ハウス（ZEH）支援事業　150
2｜補助金交付要件の概要　150
3｜ZEH補助金の利用にあたって気をつけたいトラブル　151

対談 I
ZEHって難しくない，でも基本を知らないと落ちるよ

南　雄三 VS 秋野卓生　158

対談 II
落とし穴に落とされないための第三者検査機関が必要

大場喜和 VS 秋野卓生　168

コラム | column

① | 施主によるサーモグラフィ撮影　021
② | 基礎断熱とシロアリ　024
③ | 屋根・天井の断熱の重要性　029
④ | リフォーム工事の場合の断熱材施工範囲　036
⑤ | 打合せ記録に署名がもらえない！　041
⑥ | 標準的技術基準が契約内容となることに対する疑問　042
⑦ | 建築基準法上の型式適合認定制度　049
⑧ | 断熱材未施工と工事の完成　057
⑨ | 建築省エネ法の制定　060
⑩ | 省エネルギー性能に関する法律（断熱等性能等級4）　064
⑪ | エネルギー使用の合理化に関する法律　072
⑫ | 「次世代省エネルギー基準」不適合の断熱材使用は瑕疵か　087
⑬ | 断熱材の隙間が生むトラブル　091
⑭ | 東京地裁平成23年5月30日判決（平成21年（ワ）42626号）　094
⑮ | 断熱材の施工不良により結露が生じた場合　102
⑯ | 不動産公正競争規約と景品表示法との関係　123
⑰ | 太陽光発電システムの電力供給の安定性　135
⑱ | 省エネ住宅ポイント制度　138
⑲ | 東京地裁平成26年12月24日判決（平成23年（ワ）28937号）　143
⑳ | ランニングコストの説明と電気代差額の請求　147

第1章
省エネ義務化に向けた法政策の概要

今，改めて省エネ住宅に取り組むにあたり，まずは知っておきたい法律，政策の概要について，次の三つの視点から紹介します。

1

今の省エネ住宅は，今までの住宅とどう違うのか
住宅の省エネルギー政策の発展

2

省エネ基準と住宅の瑕疵とはどのような関係にあるのか
省エネルギー基準と「瑕疵」

3

省エネ住宅は，今後どのようになるのか
省エネルギー住宅の今後

01 | 住宅の省エネルギー政策の発展

　住宅を含む建物の省エネ化の歴史は，昭和54（1979）年10月の「エネルギーの使用の合理化に関する法律」（以下，「省エネ法」といいます。）施行によって始まりました。

　以降，住宅の省エネルギー政策は，省エネ法に基づく告示「住宅に係るエネルギーの使用の合理化に関する建築主の判断の基準」など，いわゆる「省エネ基準」が中心となり，その基準を引用する形でのインセンティブの付与と，その基準を利用した省エネ性能の表示という形で発展してきました。

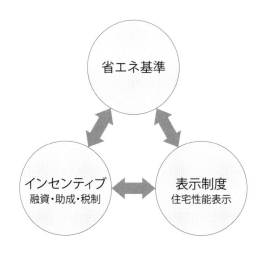

　まずは，現在までの省エネ基準の発展について，簡単に概観してみます。

1 ── 旧省エネルギー基準

　第二次石油ショックを背景に新しく制定された省エネ法に基づき，昭和55年に告示で定められたもので，平成12年に開始した住宅性能表示制度の等級2に相当する水準です。

　当時，この仕様を採用することのインセンティブとして，旧住宅金融公庫の融資が受けられるものとされたため（現在のフラット35も同水準を融資要件としています），旧省エネルギー基準は，建物の四方を断熱材で包む図解とともに断熱施工の基本となり，「公庫仕様書」を通じて広く普及しました。

　旧省エネルギー基準は，断熱性能（熱損失係数[1]）で比較すると，後述する新省エネルギー基準，次世代省エネルギー基準の半分から半分以下の性能しかありません。しかし，これ以前に建てられた住宅には，断熱材が入っていない

住宅が多く，気密性も十分ではありませんでした（近年でも，旧省エネ基準すら満たさない古い住宅が全体の3割を超えるという調査結果[2]もあります）。一方で，気密性が高い鉄筋コンクリート造の公団住宅などでは，断熱材が施工されていない外壁面に結露が多く発生し，カビだらけになることも多かったようです。このような当時の状況からすれば，旧省エネルギー基準が住宅性能，居住環境の向上に果たした役割は，非常に大きいといえます。

2 ── 新省エネルギー基準

平成4年告示による基準で，要求される熱損失係数の性能が向上したほか，気密性能，開口部の断熱性能，日射遮蔽措置という新しい評価基準が取り入れられました。住宅性能表示基準の等級3に相当する水準です。

また，制定当時，住宅金融公庫（現住宅金融支援機構）の基準金利適用住宅，割増融資の要件として，存在意義を発揮していました。

3 ── 次世代省エネルギー基準

平成11年告示による基準で，基本的には新省エネルギー基準の考え方を踏襲し，要求性能を向上させたものであり，平成21年にも一部改正がなされています（気密性能に関する数値規定の削除等）。

また，平成21年以降，次世代省エネルギー基準に一次エネルギー消費量の評価を組み合わせた住宅トップランナー基準も規定され，プラスαのインセンティブを付与する制度に用いられています。

次世代省エネルギー基準は，次世代住宅性能表示基準の等級4に相当し，現在のフラット35Sの融資要件とされています。また，長期優良住宅認定，低炭素建築物認定等による税制優遇，住宅エコポイントなど，従来とは異なるさまざまな形でのインセンティブ付与がなされるようになりました。

4 ── 平成25（2013）年基準

平成25年告示（平成26年施行）による基準[3]では，従来の断熱基準という内容から，建物全体の省エネの総合評価へと，大幅に様変わりしました。

すなわち，それまでの省エネルギー基準は，冷暖房負荷を想定した断熱性能の向上を中心とし，省エネ基準も天井や開口部などの部位ごとの仕様に着目して評価を行うもの（外皮基準）であったのに対し，平成25年基準では，それに加えて，住宅の設備性能である一次エネルギー消費量[4]，さらにはエネルギー生産量を加味し，総合的に評価する基準となったのです。

背景として，設備機器の省エネルギー性能が大きく向上したこと，太陽光発

電などエネルギーを生産する設備（創エネ）が住宅に普及し始めたこと，これらによる商品としての住宅の差別化が行われるようになったことがあります。新しい考え方に基づく平成25年基準によって，建物全体としての「創エネ」を含めた省エネルギー性能を比較することができるようになりました。

一方で，仕様規定から性能規定になったことで，基準が複雑になり，一見してわかり難くなった点も否めません。性能や表示できる内容に大きな幅が生じるようになったため，住宅事業者が積極的に取り組むことによって差別化が容易になったものの，取組みが遅れる事業者も少なくなく，住宅全体の底上げにつながっているかというと，やや疑問があるかもしれません。

なお，25年基準では，併せて，地域区分の細分化や基準となる数値の見直しなどが行われました。

5 ── 平成28（2016）年基準

平成27年，従来の省エネ法とは別に，後述する「建築物のエネルギー消費性能の向上に関する法律」（以下，「建築物省エネ法」といいます。）が制定されました（平成28年4月1日施行）。

それに合わせ，省エネ法に基づく告示も，一次エネルギー消費量の算出方法などについて，合理化を図るとして改正されました。

02｜省エネルギー基準と「瑕疵」

1 ── 住宅の省エネルギー性能の瑕疵判断基準

瑕疵とは，仕事の目的物の欠陥をいいます。住宅の請負契約においては，住宅に何らかの不具合があり，それが欠陥といえるだけの程度に達している場合に，瑕疵があるということになります。

この瑕疵の判断基準については，一般には，通常有するべき品質・性能を標準として判断され（客観的瑕疵），契約において特に一定の品質・性能を約束していた場合には，その約束された品質・性能を基準に判断されるといわれています（主観的瑕疵）[5]。

この場合の「通常有するべき品質・性能」について，最も重要な瑕疵の判断基準になるのが，建築基準法（同施行令，告示などを含む。）です。通常，建築主において，あえて建築基準法違反の建物を注文するということはあり得ないからです。

ところが，断熱や気密性など，省エネルギー性能に関する事項は，建築基準

法で規定されていません。そこで，省エネルギー性能に関する事項に何らかの不具合がある場合，何を基準として瑕疵を判断すべきか，そもそも瑕疵に当たるのかが，大きな問題となります。

　住宅の省エネルギー性能に関する瑕疵を争って紛争や裁判になったケースについては，第2章以下で説明しますので，ここでは基本的な考え方のみ説明します。

2 ── 省エネルギー性能に関する表示やインセンティブを前提とした契約

　請負契約において，住宅性能表示制度など一定の内容の省エネルギー性能の表示を約束している場合は，12頁に前述した契約において特に一定の品質・性能を約束した場合にあたり，約束した表示に合致する省エネルギー基準が，瑕疵の判断基準になると考えられます。住宅性能表示に関していえば，根拠法である「住宅の品質確保の促進等に関する法律」（品確法）の第6条1項にて，住宅の建設工事の請負人が，設計された住宅についての住宅性能評価書の交付を受けた場合には，その住宅性能評価書に表示された性能を有する住宅の建設について請負契約を締結したものとみなすものと明確に規定しています。「みなす」とは，反論の余地がないという意味であり，表示を約した等級が瑕疵の判断基準となります。

　また，フラット35Sの融資，長期優良住宅，認定低炭素住宅，後述するZEHなど，インセンティブを受けることを前提とした契約の場合も，一般的には，それらのインセンティブの要件となる品質・性能が瑕疵判断基準になると考えられます。

　ただし，実際の契約では，契約書や契約書添付の設計図書に，省エネルギー性能に関する約束ごとを明記していないケースも多く，また，一義的に明確でない記載や，記載の相互間で矛盾があるなど，設計図書上の記載が直ちに契約上の約束ごとと見ることが適当ではない場合もあります。そうしますと，当事者双方が，設計図書上のさまざまな記載や，注文時に交わした他の資料などより，それぞれの契約時の意思を主張することとなり，第2章以下で述べるような紛争に発展する場合もあります。

3 ── 省エネルギー性能に関する合意がない契約

　一方，請負契約において，省エネルギー性能に関し，何ら約束ごとがないという場合もあり得ます。そうすると，一見，何をどう施工しても構わないということにもなりそうですが，住宅の「通常有するべき品質・性能」として，断熱材など省エネルギーに関する措置をまったく行わない住宅が許容されるかと

いうと，疑問があります（もちろん地域差はあります）。

　新築住宅に関しては，現時点における新築住宅の標準的な水準や，後述する建築物省エネの努力義務，30年以上前より旧省エネルギー基準が一般的な仕様として認知されていることなどに鑑みると，少なくとも旧省エネルギー基準に相当する住宅性能表示の等級2程度の性能は建築主から期待されている可能性が高く，その点を一つの目安とすることも考えられるところです。

4 ──小括

　以上のとおり，契約の合意内容として，直接，間接に一定の省エネルギー基準が示される場合があり，その場合，当該省エネルギー基準が瑕疵の判断基準となります。そして，当該省エネルギー基準の性能を満たしていない場合には，住宅に瑕疵があるという結論になる可能性があります。

03 | 省エネルギー住宅の今後

1 ──建築物省エネ法の制定

　平成27年，従来の省エネ法に加えて，「建築物のエネルギー消費性能の向上に関する法律」（建築物省エネ法）が制定されました。建築物省エネ法は，省エネルギー基準への適合義務，省エネルギーに関する届出義務を定めた（平成29年施行予定）という点で，省エネルギー規制の大きな変化と捉えられています。

　住宅については，大規模非住宅用途と異なり，適合義務・適合性判定義務はありませんが，延床面積300㎡以上の規模で届出義務があり，基準に適合しない住宅については行政庁から指示・命令などができるという点で，集合住宅については事実上の義務化が始まったといえます。国は，これらの規制について，平成32（2020）年までに小規模住宅まで拡大させることを目標として掲げ，すべての建物の新築について，現行の省エネルギー基準への適合が求められる日も近いといえます。

　また，前述の「省エネルギー基準と「瑕疵」」で述べた瑕疵の判断基準との関係でいえば，省エネルギー性能に関して法令上の義務が設けられたという点は，瑕疵の判断に影響を及ぼすものと考えられます。さらに，今後，法令上の義務が強化され，それに伴い省エネルギー性能への社会的要請が高まっていった場合には，瑕疵の判断基準もより高い水準へと上がっていくことが予想されます。

2 ── 省エネ住宅からゼロ・エネルギー住宅へ

「住宅の省エネルギー政策の発展」で建築物省エネ法の制度について述べたとおり，旧エネルギー基準の制定から30年以上続いてきた外皮基準（主に断熱仕様中心）が，平成25年に大きな転換をし，一次エネルギー消費量を考慮する形となりました。さらに，それを一層押し進めて，創エネ分を控除した年間の一次エネルギー消費量の収支をゼロとする「ゼロ・エネルギー住宅」が注目されています。

国は，「エネルギー基本計画」において，平成32（2020）年までに，標準的な新築住宅でゼロ・エネルギー住宅を実現することを目指すという政策目標を掲げ，さまざまなインセンティブを設けて，大きく省エネルギー性能の向上を図ろうとしています。その代表例が，経済産業省のZEH支援事業の補助制度です。ZEH（ゼッチ）はゼロ・エネルギー・ハウスの略で，「外皮の断熱性能等を大幅に向上させるとともに，高効率な設備システムの導入により，室内環境の質を維持しつつ大幅な省エネルギーを実現した上で，再生可能エネルギーを導入することにより，年間の一次エネルギー消費量の収支がゼロとすることを目指す住宅」と定義されています。一昔前では考えられなかったような性能が，ごく当たり前に求められるようになってきているのです。

以上のように，国の省エネルギー政策は大きく変化してきており，また，省エネルギー住宅に対する消費者のニーズも高まっているため，住宅事業者としてはそれに対応する努力が求められています。

一方，残された多数の既存建物については，前述のとおり省エネルギー性能が著しく劣るものも少なくありません。国は，増改築時の省エネ化やそれに対する表示制度を整備することにより，優れた性能の中古住宅の流通促進につなげようとしています。住宅事業者においても，上記の政策を上手に生かし，既存住宅の省エネルギー改修工事の需要を掘り起こすなど，より積極的な努力が望まれます。

---

1 熱損失係数 Q （w/m²k）＝総熱損失量 Wt （w/k）/延床面積 A （m²）
   Q 値が小さいほど，熱が逃げにくく，冷暖房効率がよい。
2 平成25年国土交通省資料：「既存住宅ストックの現状について」
3 エネルギーの使用の合理化に関する建築主等および特定建築物の所有者の判断の基準
4 一次エネルギーとは，人間が利用するエネルギーのうち，電気などに変換加工する以前の，自然界に存在するもののエネルギー（例えば，石油，太陽放射など）。
5 なお，数年内に予定されている民法改正による案では，「仕事の目的物が契約の趣旨に適合しない場合」に請負人は修補義務を負うとしています。

第2章
断熱材施工にまつわる
トラブル事例

断熱材施工に関するトラブルには，大別すると，次のようなものが挙げられます。

1
断熱性能の低下・断熱欠損の指摘

2
契約書類・設計図面・基準書等と異なる施工

3
断熱材未施工・施工不良の指摘

1 について

　一見施工自体に法律上の問題がないように思える場合や，施工瑕疵には該当しないにもかかわらず，施主から瑕疵を主張された場合，施工者はどのような主張をし，また事前にどのような準備をしておけばよいのでしょうか。
　ここでは，施工者が断熱施工を行う際に注意すべき点について紹介します。

2 3 について

　当初の契約内容に関して，施主との間で食い違いが生じるだけでなく，施工途中で契約内容を変更した場合に，その内容に齟齬が出る場合もあります。
　この場合，施工者はどの点に配慮すべきか事例を通して紹介します。
　また，法令などにより一定の仕様が定められている場合に，当該仕様に適合しない施工を行った場合の施工者の責任についても紹介します。

断熱性能の低下・断熱欠損の指摘

01 | サーモグラフィカメラによる異常低温状態の指摘

トラブルの内容

　サーモグラフィカメラの撮影によって、施主により異常低温状態が発見され、調査の結果、小屋裏に滞留した冷気が、電気配線貫通孔のわずかな隙間・照明設置箇所における気密フィルムの隙間から、天井付近に流入していることが発覚しました。

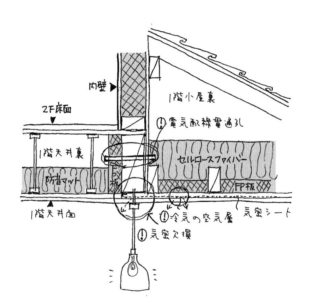

トラブルの原因

　断熱材施工につき何ら問題は確認できず、高気密な建物を施工していることから、隙間から冷気が流入するとは考えられないところ、高気密ゆえに、換気扇を作動した際に、わずかな隙間から冷気が流入した可能性が認められます。

ポイント解説

　サーモグラフィカメラの撮影によって，異常低温状態が発見された場合，まずは断熱欠損に関する施工不良が疑われます。

　仮に断熱欠損がある場合には，瑕疵に該当し，施工者が法的責任を負うと判断される可能性が高いのですが，他方，断熱欠損がないにもかかわらず，温度の低い金物部分がサーモグラフィカメラにより撮影されることで，断熱欠損部分として誤認される可能性もあります。

　サーモグラフィカメラでの撮影に対しては，施工精度を高めることはもちろんのこと，住宅履歴としての施工写真を残しておくことが重要なトラブル防止策となります。また，品確法上の住宅性能表示制度を積極的に活用するという手段も考えられるところです。

[法的観点からの検討]

1：異常低温状態の瑕疵該当性

　瑕疵とは，物が通常有すべき品質・性能を欠いていることをいい，物が契約に適合していない場合も瑕疵に該当します。

　そして，異常低温状態の原因としては，断熱欠損，低い気密性などによる冷気の流入が考えられます。仮に断熱欠損が原因であれば，通常有すべき品質・性能を欠いているため，瑕疵であると認められる可能性は高いといえます。また，気密性が低いことが原因であれば，高気密施工を行うことが契約の内容となっている場合には，瑕疵に該当するとの判断が予想されます。

　他方，適切な断熱材で施工され，かつ高気密の建物であるにもかかわらず，冷気が流入することによって，異常低温状態が生じている場合に，瑕疵に該当するかは明確ではありません。トラブル事例に則していえば，小屋裏に冷気が滞留しないような施工をしていないことが，瑕疵に該当するとの判断も考えられます。他方，あくまで気密性を高めることが契約の内容で定められていた場合，高気密であることが客観的データで裏付けられていれば，冷気の流入が生じていたとしても，瑕疵とまではいえないと判断される可能性は否定できないところです。瑕疵に該当するか否かの判断としては，契約内容が重要な要素となり，特に，省エネルギー住宅を建築・販売するという契約内容であれば，高気密・高断熱であることが客観的なデータで裏付けられた場合にも，小屋裏に冷気が滞留するような施工が，瑕疵と認められる可能性は高くなるといえます。

2：サーモグラフィ検査の問題点

　冷気の流入が施工不良によって生じたものでなければ，施工者は原則として法的責任を負わないこととなります。他方で，高気密・高断熱の省エネルギー住宅として住宅を建築・販売していたような場合には，冷気の流入などに関するクレームの中には，省エネルギー住宅を建築・販売するという契約内容に反し，瑕疵に該当するものが存在する可能性も否定できないことから，無下にすることはできません。

　今後，省エネルギー住宅が普及するとともに，異常低温状態に関して，施主がサーモグラフィカメラによる検査を行うという場面も増えると思われます。ここで，施主がサーモグラフィカメラを使った場合に生じうる問題点としては，次の二点が挙げられます。

　一つには，異常低温状態が，「寒い」という個人的な主観的クレームにとどまらず，サーモグラフィにより客観的に確認されてしまうことによって，断熱欠損などの瑕疵が強く疑われることとなる点です。

　第二に，筋かい金物などの温度の低い金物部分が，サーモグラフィによって，機械的に低温状態であると判断されることによって，当該箇所が「断熱欠損」として誤認される可能性もあります。

　サーモグラフィカメラによって，異常低温状態が確認され，断熱欠損が疑われる場合には，施工者としては瑕疵の有無を判断するために，壁に穴を開けて調査する必要が出てくると思われます。そのため，瑕疵の有無を判断するのに必要な調査費用だけでも，高額になることが予想されます。そこで，施工者としては，仮にサーモグラフィカメラによって，低温状態が確認された場合でも，上記調査を経ることなく，断熱欠損はないことを客観的に示すことができることが重要となります。

3：サーモグラフィ検査対策

　サーモグラフィによって検出された低温状態が，施工不良によるものではないことを主張するために必要な対策としては，次の三点が考えられます。

　第一に，施工精度を高めることです。サーモグラフィカメラで，撮影されてもまったく問題が発生しないような，精度の高い施工をする必要があります。将来，施主がサーモグラフィカメラを利用して，欠陥探しをする可能性があるのであれば，反対に，建物引渡段階で，自社でサーモグラフィカメラによる撮影を行うことを，施主に対して施工精度の高さをアピールする手段の一つとなることも考えられます。

　第二に，施工写真を残しておくことです。施工内容の正確性を証明し，施工

に問題がないことを確認するためには，断熱施工完了時に，施工写真を撮影しておくべきです。これにより，断熱欠損の調査のために，高額な費用を支出して調査する必要はなくなるはずです。

　第三に，品確法で定められている住宅性能表示制度を活用することです（品確法第3条）。日本住宅性能表示基準（平成13年国土交通省告示第1346号）では，表示する住宅性能を，10の分野に分類しており，その中には，温熱環境・エネルギー消費量に関する分野（省エネルギー対策等級）も設けられています。この住宅性能表示制度は，本来，評価方法基準に従い（品確法第3条の2），第三者の性能評価機関による設計住宅性能評価，建設住宅性能評価のチェックを受け，そのうえで，設計・建設ともに性能値を満たしていた場合には，性能評価書を取得できる制度です。そのため，性能評価書を取得しておくということは，第三者により性能を証明してもらうことを意味するので，将来のトラブル発生時の鎧としての役割を果たしてもらうことが期待できます。また，第三者機関によるチェックを経ている安心感があるため，サーモグラフィを利用したあら探し自体，実施されない可能性が高いといえるでしょう。

コラム———①　施主によるサーモグラフィ撮影

　従前，サーモグラフィ撮影といえば，住宅診断などの際に専門業者によって行われることが通常想定されていました。

　しかし，最近はスマートフォンに専用のカメラを取り付けるだけで，サーモグラフィ撮影を行うことができることから，今後，施主個人によるサーモグラフィ撮影が行われ，当該撮影結果を基にした断熱欠損の主張が増加することが予測されます。

　そのため，施工者としては，より一層，上記の対策を意識する必要が高まっているといえます。

引用条文：
住宅の品質確保の促進等に関する法律
（日本住宅性能表示基準）
第三条　国土交通大臣及び内閣総理大臣は，住宅の性能に関する表示の適正化を図るため，日本住宅性能表示基準を定めなければならない。
（評価方法基準）
第三条の二　国土交通大臣は，日本住宅性能表示基準を定める場合には，併せて，日本住宅性能表示基準に従って表示すべき住宅の性能に関する評価（評価のための検査を含む。以下同じ。）の方法の基準（以下「評価方法基準」という。）を定めるものとする。

02 | 基礎の根入れ深さがないのに基礎断熱を施工

トラブルの内容

設計では，既存基礎の外周に断熱材を施工する基礎断熱となっていたところ，実際には，基礎にほとんど根入れがなかったため，断熱効果が得られなかったというものです。

トラブルの原因

基礎の根入れが浅いことから，断熱材の下側が地盤面に近い状態で施工されていることが，原因であると考えられます。

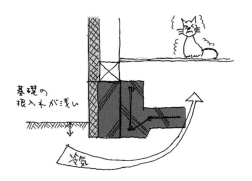

ポイント解説

基礎断熱は，断熱材を，基礎とともに地盤中に埋設して施工することにより，外気を遮断する機能を有します。そのため，基礎の根入れが不足しているような場合には，断熱材も外気を遮断する機能を十分に果たすことはできなくなることから，当該施工は断熱材の施工として不適切なものであり，「瑕疵」に該当します。

また，基礎の根入れ不足は，建築基準法施行令に反するものとして，それ自体が「瑕疵」に該当する可能性もあります。

断熱材の施工といっても，基礎や壁など他の部分とともに施工する必要が生じる場合には，基礎や壁の施工自体に問題が生じないようにすることも重要となります。

[法的観点からの検討]

1：基礎の根入れ不足

建築基準法施行令第38条3項は，「建築物の基礎の構造は，建築物の構造，形態及び地盤の状況を考慮して国土交通大臣が定めた構造方法を用いるものとしなければならない」と定めており，ここにいう「国土交通大臣が定めた構造方法」とは，「平成12年5月23日建設省告示第1347号」（以下，「本告示」といいます。）の第1に規定された方法をいいます。

本告示には，建築物の基礎の構造方法および構造計算の基準が定められています。そして，本告示第1の3項4号には，べた基礎における「根入れの深さは……12cm以上とし，かつ，凍結深度よりも深いものとすることその他凍上を防止するための有効な措置を講じること」と定められています。なお，本件のトラブル事例では問題となってはいませんが，布基礎においては，「根入れの深さ……は24cm以上」とすることが定められており，施工する基礎によって根入れの深さが異なっていることに留意してください。

基礎の根入れ不足が生じている場合とは，本告示および建築基準法施行令に反している状態をいいますが，このように建築基準関係法令に反していることが，すなわち「瑕疵」に該当するかが問題となります。

施主が，法規に違反するような建物の建築を注文することは，通常考えられないことから，建築物が法規に適合していることは，契約の当然の前提とされています。そして，建築基準法は，「建築物の敷地，構造，設備及び用途に関する最低の基準」（同法第1条）を規定したものであることから，建築基準関係法令に違反する場合には，当該関係法令に適合した建物を建築するという合意に違反するとして，瑕疵が認められるのが原則となります。

したがって，基礎の根入れ不足それ自体も，建築基準法上求められている最低基準を満たしていないことから，瑕疵に該当する可能性が高いといえます。

2：基礎断熱

基礎断熱工法のうち基礎外断熱とは，最下階床で断熱構造とせず，基礎外周で断熱層を構成する工法をいいます。基礎外断熱は，断熱材が基礎とともに地盤中に埋設して施工されることにより，外気を遮断する機能を有します。

そのため，そもそも基礎の根入れが不足しており，それに伴って断熱材も地盤中に埋設されていない，もしくは地表近くの深度にしか埋設されていないような場合には，外気を遮断する機能は著しく低減しているといえます。

建築基準法上，断熱施工についての規定はなく，断熱材を施工することは法

律上の義務ではありません。しかし、断熱材を施工することが契約上の内容となっている場合には、適切な方法により施工することが義務づけられているといえますので、不適切な施工がなされた場合には「瑕疵」に該当するといえます。

トラブル事例では、基礎の根入れが不足したことに伴って、基礎とともに施工されていた断熱材自体も不適切な施工がなされていたというものです。この場合も、断熱材の施工方法に不備がある以上、契約に適合しないものであるとして、「瑕疵」に該当すると考えられます。

このようなトラブルを防止するためには、断熱材の施工自体を適切に行うことはもちろんのこと、断熱材の施工といっても、基礎や壁など他の部分とともに施工する必要が生じる場合には、基礎や壁の施工に問題があればそれに伴って断熱材の施工も瑕疵があるものと判断される可能性があります。そのため、基礎や壁の施工自体に、問題が生じないようにすることが重要となります。

> コラム———②｜**基礎断熱とシロアリ**
>
> 　基礎断熱施工に関して、本件において問題となったのは、基礎の根入れ不足に伴って生じた不適切な断熱材の施工でした。
> 　その他の問題として、基礎断熱施工においては、シロアリの食害による被害を受ける可能性が挙げられます。そして、基礎断熱施工において、相当期間は、シロアリの被害を受けないような施工（例えば、防蟻断熱材による施工や防蟻剤の処理、部分的な基礎内断熱による施工など）が契約上求められているといえます。
> 　そのため、断熱施工においては、施工自体の適切性だけでなく、適切な施工方法の選択にも配慮することが重要となります。

引用条文：
建築基準法
（基礎）
第三十八条
3　建築物の基礎の構造は，建築物の構造，形態及び地盤の状況を考慮して国土交通大臣が定めた構造方法を用いるものとしなければならない。この場合において，高さ十三メートル又は延べ面積三千平方メートルを超える建築物で，当該建築物に作用する荷重が最下階の床面積一平方メートルにつき百キロニュートンを超えるものにあっては，基礎の底部（基礎ぐいを使用する場合にあっては，当該基礎ぐいの先端）を良好な地盤に達することとしなければならない。

平成 12 年 5 月 23 日建設省告示第 1347 号
第 1 の 3 項柱書　建築物の基礎をべた基礎とする場合にあっては，次に定めるところによらなければならない。
4 号　根入れの深さは，基礎の底部を雨水等の影響を受けるおそれのない密実で良好な地盤に達したものとした場合を除き，12 cm 以上とし，かつ，凍結深度よりも深いものとすることその他凍上を防止するための有効な措置を講ずること。

03 | 部分的に断熱材を「既存のまま」としたことによる断熱性能の低下

トラブルの内容

建物の改修工事の際に、天井の断熱材は既存の断熱材を利用とすることにしましたが、既存の断熱材に欠損箇所が多かったため、施主から「他の箇所で断熱を増やした効果がまったく感じられない」とのクレームを受けました。

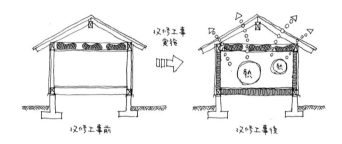

トラブルの原因

①改修工事を実施する前に、天井の断熱材の調査を実施しなかった、②調査を実施したが、断熱材の欠損箇所を把握することができなかった、③断熱材の欠損箇所を把握したが、既存の断熱材をそのまま利用することのリスクを施主に説明しなかったことなどが原因として考えられます。

ポイント解説

高性能の断熱材を施工したり、大量の断熱材を施工したりしたとしても、建物内部のどこかに隙間があれば、断熱材自体に欠損がなくても、断熱性能に影響を及ぼす可能性があります。そのため、断熱材を施工し直す場合、施工範囲外に隙間があったり、断熱材の欠損が多かったりすると、費用に見合った断熱性能が得られない可能性があります。

そして、改修工事を実施する場合において、改修する範囲は施主と相談して決めることになります。改修前には、建物全体の調査を実施し、現況を確認してから、改修する範囲を決定していくことが理想です。建物全体の調査ができない場合は、建物の一部を調査対象外とすることのリスクを施主に説明し、設計者や工事監理者と相談しつつ、工事を進めていくことが求められます。

[法的観点からの検討]

1：建物の現況調査によるリスクの把握

　建物の改修工事は，新築工事と異なり，既存の建物に手を加えていくことになるので，どのような範囲でどのような改修工事が必要なのか（補修を実施するのか）を決定する必要があります。そのために，施工者としては，改修工事請負契約を締結する前に，建物全体の調査を実施することで建物の現況を把握しておくことが理想です。

　他方で，改修工事を実施する前に，建物の現況調査を行うことが法律上義務付けられているわけではありません。また，費用との関係で，建物全体の現況調査を十分に実施できないということも事情としては考えられます。結局は，どの範囲で建物の現況調査を行うかという点は，個々の案件に応じて検討していくほかないものと考えられます。

　本件のような場合に，建物の断熱性能を効率よく上げるためには，建物全体を断熱材で包むことが理想的です。

　他方で，建物の現況調査をどの程度実施できるかは，施主の予算の都合もあるため，常に建物全体の現況調査を行えるとは限りません。したがって，どの程度の現況調査を施主の要望に応じて実施したかにより，その後の施主への対応は変わってきます。

2：施主に対するリスクの説明──建物全体の現況調査を実施しなかった場合

　建物全体の現況調査を実施しないということは，調査を実施しない箇所に何らかの不具合があったとしても，これを認識することができないことを意味します。そうすると，少なくともそのようなリスクが残ることについては，施主に説明する必要があります。

　本件において，施工者が天井の断熱材の調査をしなかったとすれば，施工者としては，天井の断熱材を調査しないことのリスク（天井の断熱材に欠損などがあった場合は，天井以外の断熱材をすべて施工し直したとしても，施主が期待するほど建物の断熱性能が上がらない可能性があること）を認識すべきであり，また，トラブルを未然に防ぐためには，施主に対して上記リスクが残ることを説明すべきであったと考えられます。

3：施主に対するリスクの説明──建物全体の現況調査を実施した場合

　建物全体の現況調査を実施したことにより，天井の断熱材の欠損などを発見できていたとしても，施主に対して適切な説明ができていたか，という点が別

途問題となります。

　建物全体の現況調査の結果，改修工事が必要なことが明らかであれば，その旨を施主に対して説明し，適切に改修工事を実施すれば，特に問題はありません。では，改修工事が必要であることが必ずしも明らかであるとはいえない場合には，建築の知識に乏しいことが多い施主に対して，どのような説明をしたらよいのでしょうか。

　施主としては，建物の改修工事を検討するにあたり，通常，ある程度の予算を決めています。そのうえで，費用に見合う効果が改修工事で得られるであろうと結論付けた場合に，改修工事請負契約を締結することが多いです。別の言い方をすれば，施主としては，現状問題がないと考えられる箇所があれば，当該箇所は改修の対象外とすることで，費用を安く抑えたいと考える施主がほとんどです。

　本件のようなケースであれば，「天井の断熱材に欠損等が生じている」という説明をしただけであれば，断熱材にどの程度の欠損などが生じているのか，欠損などの補修をしないことがどの程度断熱性能に影響してくるのか，といった点を施主が適切に理解していない可能性が低いと想定されます。つまり，施主がリスクを適切に理解しないまま，費用のカットを優先し，改修工事請負契約を締結してしまうこともあり得るということです。

　本件のようなトラブルを避けるためにも，天井の断熱材にどの程度の欠損などが生じているのか，天井の断熱材を施工し直さない場合に，断熱材を施工し直しても，断熱性能が上がらない可能性があるのか，あるとすればどの程度の可能性なのかなどの説明を行い，施主自身にリスク判断をしてもらうことが望ましいのです。

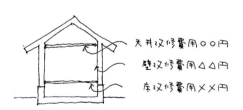

コラム───③ 屋根・天井の断熱の重要性

　今回は，天井の断熱材について既存の断熱材を利用したことによるトラブルを解説しました。天井の断熱材に欠損などがあると，どのように建物の断熱性能に影響を及ぼすのでしょうか。

　天井の断熱材に欠損などがあることは，屋根面や天井面で空気が冷えやすくなっているということです。そして，空気は，冷えることでその比重が大きくなるため，冷気は自然と下に流れていくことになります（自然対流）。したがって，屋根面や天井面の空気が冷やされた場合，冷やされた空気は屋根面や天井面から下に流れていくことになります。建物の上から下まで冷気が流れるということは，下降気流がそれだけ多く，速く流れるということです。速度によっては，施主も自然対流の存在に気付きますので，これをきっかけにクレームに発展する可能性もあります。

　断熱というのは，建物全体を包んでこそ効果が上がるという点を意識しながら，断熱工事を行うことが望ましいのです。

2 契約書類・設計図面・基準書等と異なる施工

01 | 建築確認申請図に記載された断熱材が施工されていない

トラブルの内容

　工事請負契約書添付の見積書には,「R-13 グラスウール」を施工するものと記載されていました。他方で,その後に作成された建築確認申請書添付の図面では,断熱材として「グラスウール（ハイアール）16KG」を施工するものとの記載されていましたが,実際には「R-13 グラスウール」で施工されていました。このため,施主から建築確認申請書添付の図面記載の断熱材が施工されていないとのクレームがありました。

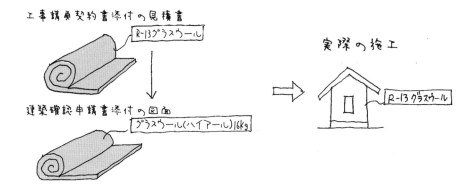

トラブルの原因

　建築確認申請書添付の図面の作成補助を他の業者に依頼したところ,当該業者が誤記をしてしまったことが原因と考えられます。

ポイント解説

　工事請負契約の内容として、いずれの断熱材を施工することになっていたと考えるのかが問題となります。

　「R-13 グラスウール」を施工することが契約内容であると主張するにあたり、建築確認申請書添付の設計図書は、建築基準法の適合性を確認したものに過ぎず、契約内容を構成するのは契約書添付の見積書の記載であるとの説明が考えられますが、そういった主張が認められない可能性も否定しきれないところです。

　図面の誤記をなくすためにも、補助業者が工事請負契約書添付の見積書の内容を反映した図面を作成しているか、念入りに確認することが重要になります。

[法的観点からの検討]

1：契約内容の特定方法について

　工事請負契約を締結する場合において、受注者と施主との間で契約書が作成される場合、その契約書には設計図書が添付されていることが通常です。したがって、設計図書が添付された契約書があれば、工事請負契約の内容は設計図書によって定まります。

　また、正式な契約書が作成されなかったとしても、設計図書のみが作成されている場合や、建築確認申請に用いる設計図書が作成されていることがあります。その内容で工事請負契約が締結されたと認められる場合は、設計図書の内容が工事請負契約の内容になると考えられます。

　契約書のみならず、設計図書すら作成されていない場合であっても、見積書が作成されており、内容明細や製品名などが記載されている場合は、そこから契約の内容を特定することが考えられます。

　今回のケースでは、工事請負契約書は作成されていましたが、契約締結までに作成されていた図面は、立面図と平面図のみであり、これらを前提にして「R-13 グラスウール」を使用することが記載された見積書が作成され、工事請負契約書に添付されていました。しかしながら、契約締結後に作成された建築確認申請書添付の図面には、断熱材として「グラスウール（ハイアール）16KG」を施工するものとの記載がありました。

　そこで、いずれの断熱材を施工することが契約内容であるのかが問題となります。

2：施工される断熱材に関する基準について

　建築基準法上，建築物の断熱「性能」について，一定の基準が定められているわけではありません。

　しかしながら，建築基準法第2条第8号の規定に基づいて定められた「防火構造の構造方法を定める件」（平成12年5月24日建設省告示第1359号）によれば，建築物の外壁の構造方法について，屋内側においてグラスウールを使用する場合には，防火構造の観点から，厚さ75mm以上のグラスウールを充てんすることが求められています。つまり，施工する断熱「材」については，防火構造の観点から，一定の基準が定められているということになります。

　今回のケースでは，施工された断熱材の厚さに関しては問題にはなっていませんでしたが，現に施工された「R-13 グラスウール」が厚さ75mm未満であった場合は，契約の内容にかかわらず瑕疵という問題が出てくることになります。

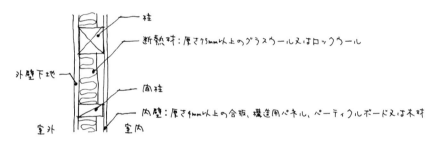

断熱材施工の一例
（「防火構造の構造方法を定める件」（平成12年5月24日建設省告示第1359号）参考）

3：今回のケースにおける契約内容の特定について

　実際に施工された工事請負契約書添付の見積書記載の断熱材が，上記の防火構造の構造方法との関係で問題があれば，当然，法規違反を理由とした瑕疵になります。上記の防火構造の構造方法との関係で，問題がない場合にどう考えるべきかが，ここでの問題です。

　一つの立場として，建築確認申請書添付の図面は，建築基準法に適合していることを示したものに過ぎず，工事請負契約の内容は，あくまで契約締結時に作成された見積書の内容明細や製品名などによって決定されている，と説明することが考えられます。

例えば，建築確認申請書添付の図面は，建物引渡し時まで施主に交付されたことはなく，また，施主は建築確認申請書の内容をそれまで確認したこともなく，建物の引渡し後に，「建築確認申請書添付の図面に記載された断熱材」と「実際に施工された断熱材」の違いを発見した，という状況であったとすれば，施主が確認したことのない建築確認申請書添付の図面の内容がそのまま契約の内容になるとは，通常は考えにくく，契約書添付の見積書の内容から契約内容を特定するべきである，と考えることになります。

　なお，仮に，「建築確認申請書添付の図面に記載された断熱材」と「実際に施工された断熱材」を比較して，断熱性能に特段差がないのであれば，特段の支障は生じていないはずである，という立場も考えられます。施主は，断熱材の「性能」には関心をもっており，「性能」は契約内容となり得るとしても，「性能」の変わらない断熱材の「種類」については，通常，関心をもっていないと考えられることから，「種類」についてまで重要な契約内容となっているとはいえず，「種類」が違っていたとしても瑕疵に該当しないという主張です。

　本件は，契約内容をどのように特定するかといったところが問題となっていますが，各関係書類の優劣関係というのは，常に決められているわけではありません。このようなトラブルを未然に防ぐためにも，各関係書類の記載が矛盾していないかどうか，十分に確認する必要があります。

引用条文：
防火構造の構造方法を定める件（平成 12 年 5 月 24 日建設省告示第 1359 号）
第 1　外壁の構造方法は，次に定めるものとする。
　一　建築基準法施行令（昭和 25 年政令第 338 号。以下「令」という。）第 108 条に掲げる技術的基準に適合する耐力壁である外壁の構造方法にあっては，次のいずれかに該当するもの（ハ（3）（ⅰ）（ロ）及び（ⅱ）（ニ）に掲げる構造方法を組み合わせた場合にあっては，土塗壁と間柱及び桁との取合いの部分を，当該取合いの部分にちりじゃくりを設ける等当該建築物の内部への炎の侵入を有効に防止することができる構造とするものに限る。）とする。
　　イ　（中略）
　　ロ　間柱及び下地を不燃材料で造り，かつ，次に定める防火被覆が設けられた構造（イに掲げる構造を除く。）とすること。
　（1）屋内側にあっては，厚さ 9.5 mm 以上のせっこうボードを張るか，又は厚さ 75 mm 以上のグラスウール若しくはロックウールを充填した上に厚さ 4 mm 以上の合板，構造用パネル，パーティクルボード若しくは木材を張ったもの
　（2）（中略）
　　ハ　（中略）

02｜見積書記載の断熱材施工面積を満たして施工していた場合

トラブルの内容

住宅新築工事の請負契約書添付の見積書では，断熱材施工面積は「30坪」と計上されていました。建築後，1階床下の一部に断熱材が入っていないとクレームを受けましたが，実際の断熱材施工面積は「30坪」を満たしています。

請負契約書添付の図面には，断熱材施工箇所に関する具体的指定はなく，請負契約書添付の見積書に記載された断熱材施工面積を満たしていても，建物を建築した施工者は責任を負わなければならないのでしょうか。

トラブルの原因

見積書記載の面積を施工するに足りる断熱材しか発注しておらず，追加発注などもしなかったことが原因です。

ポイント解説

請負契約書添付の見積は，契約内容を構成することもありますが，見積記載の数量を満たして施工していたとしても，当該施工が「あるべき状態」を満たさなければ，施工瑕疵とされるリスクがあります。具体的には，契約上または技術水準上施工すべきとされている部分に断熱材が施工されていなければ，施工された断熱材の面積が請負契約書添付の見積に記載された面積を満たしていても，「あるべき状態」を満たしたものとはいえず，施工者は瑕疵担保責任を負うリスクがあるといわざるを得ません。

断熱材の数量について見積もる場合には，施工すべき部分について不足なく断熱材を施工できるか否か，といった観点から，見積を作成する必要があります。技術的観点から見た断熱材施工範囲と比較して，「見積落とし」がないように気を付ける必要があります。

［法的観点からの検討］

1：見積書における断熱材面積の記載の法的意味

　一般に，請負契約書に見積書が添付されている場合や，施工者が請負契約締結の際に施主に対して見積書を提出している場合，見積書の記載内容は，契約内容を構成すると解されるか，少なくとも契約内容を確定するための重要な資料となります。

　したがって，見積書において，断熱材施工面積が記載されていた場合には，原則的に，当該面積分は断熱材を施工すべきことが契約内容となり，これを施工していなければ，瑕疵とされてしまうリスクがあります。

　他方で，見積書に記載された面積分の断熱材を施工したとしても，当然ながら，契約上断熱材を施工すべきとされた部分に断熱材が施工されていなければ，瑕疵と判断されることになります。

2：断熱材を施工すべき範囲

　上記のとおり，請負契約関係書類において，断熱材を施工すべき範囲が明確になっている場合には，原則として，当該範囲については，断熱材を施工すべき義務があることになります。

　他方で，断熱材の施工範囲については，本件事案のように，契約図面などにも特に記載がなく，契約内容が明らかでないことも稀ではありません。

　このような場合であっても，例えば，「新築建物について住宅の品質確保の促進等に関する法律」（以下，「品確法」といいます。）第5条の定める住宅性能評価の一項目である，「断熱等性能等級」を取得する内容の住宅性能評価書が請負契約書に添付されていた場合には，当該「断熱等性能等級」所定の性能を満たす建物を建築することが，請負契約内容であるとされます（品確法第6条1項）。

　そして，例えば，「断熱等性能等級4」の建物であれば，「地域の区分に応じ，一定の部分を除いて，躯体及び開口部を断熱構造としなければならないものとされ，具体的には，住宅の屋根，外気に接する壁，外気に接する床及びその他の床，外気に接する土間床等の外周部及びその他の土間床等の外周部等について，断熱材で覆う必要がある」とされています（国土交通省「日本住宅性能基準」平成13年国土交通省告示第1346号，「エネルギーの使用の合理化に関する建築主等及び特定建築物の所有者の判断の基準」平成25年経済産業省・国土交通省告示第1号，「住宅に係るエネルギーの使用の合理化に関する設計，施工及び維持保全の指針」平成25年国土交通省告示第907号附則5（1））。

　したがって，請負契約書添付の図面などにおいて，断熱材の施工範囲の詳細

が明らかではない場合であっても、これらの基準が参照されることによって、契約上断熱材を施工すべき範囲が確定されることがあります。

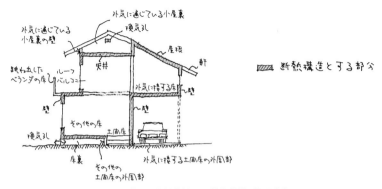

［出典］住宅金融支援機構HP「断熱等性能等級4技術基準（概要編）」

また、断熱材が一面に施工されているにもかかわらず、その中で断熱欠損を生じるような隙間があった場合には、技術水準の観点から、当該部分についても、断熱欠損を生じないよう施工すべきであったとされるリスクがあります。

3：「見積書記載の面積を施工している」は通用しない

以上によれば、新築住宅の建築工事請負契約に関して、「見積書記載の面積」を施工することは、原則として契約内容とされ、当該面積を施工する必要があることになりますが、それだけでは、必要十分な施工をした、とは言い切れません。

上記に紹介した基準や技術水準に照らし、断熱材を施工すべき箇所に施工がなされていなければ、上記のとおり施工瑕疵とされてしまう可能性があります。

この場合、工事代金額算定の基となった見積書に記載された数量以上の断熱材を施工しなければならないことにもなり、本来得られたはずの利益部分も喪失することになりかねません。

断熱材の数量について見積もる場合には、施工すべき部分について不足なく断熱材を施工できるか否かといった観点から、見積を作成する必要があり、技術的観点から見た断熱材施工範囲と比較して、「見積落とし」がないように気を付ける必要があります。

> **コラム──④ リフォーム工事の場合の断熱材施工範囲**
>
> なお、今回は、新築建物の工事請負契約のケースを取り扱いましたが、既存建物の増改築工事請負契約の場合は、若干事情が変わってきます。

既存建物の増改築工事請負契約の場合，既存建物の部分に手を加えることが工事内容に含まれているか否か，ということが論点となり得ます。
　　したがって，見積書に記載された断熱材施工面積に断熱材を施工することが，請負契約における工事内容であって，既存部分のすべてについて断熱材を施工することは合意していない，との立論が成り立つ余地があります。
　　しかし，この場合でもどの範囲について断熱材を施工することが合意内容であったのか，という点は同様に争点となり得ますから，断熱材の施工範囲については，契約関係書類において可能な限り明確にしておくことが望ましいといえます。

引用条文：
住宅の品質確保の促進等に関する法律（住宅性能評価書等と契約内容）
第六条　住宅の建設工事の請負人は，設計された住宅に係る住宅性能評価書（以下「設計住宅性能評価書」という。）若しくはその写しを請負契約書に添付し，又は注文者に対し設計住宅性能評価書若しくはその写しを交付した場合においては，当該設計住宅性能評価書又はその写しに表示された性能を有する住宅の建設工事を行うことを契約したものとみなす。

「日本住宅性能基準」〈平成13年国土交通省告示第1346号〉
別表1，5
等級4　エネルギーの大きな削減のための対策（エネルギーの使用の合理化に関する法律の規定による建築主等及び特定建築物の所有者の判断の基準に相当する程度）が講じられている

「住宅に係るエネルギーの使用の合理化に関する設計，施工及び維持保全の指針」（平成25年国土交通省告示第907号）
1　目的
この指針は，エネルギーの使用の合理化に関する建築主等及び特定建築物の所有者の判断の基準（平成25年経済産業省・国土交通省告示第1号。以下「判断基準」という。）のⅠの第2及びⅡの規定に準拠して，住宅の設計，施工及び維持保全に関する指針を定め，住宅についてのエネルギーの効率的利用のための措置の適確な実施を確保することを目的とする。
附則5（1）断熱構造とする部分
躯体及び開口部については，地域区分に応じ，断熱構造とすること。ただし，次のイからホまでのいずれかに該当するもの又はこれらに類するものについては，この限りでない。
イ　居室に面する部位が断熱構造となっている物置，車庫又はこれらと同様の空間の居室に面する部位以外の部位
ロ　外気に通じる床裏，小屋裏又は天井裏に接する外壁
ハ　断熱構造となっている外壁から突き出した軒，袖壁，ベランダその他これらに類するもの
ニ　玄関・勝手口その他これらに類する部分における土間床部分
ホ　断熱構造となっている浴室下部における土間床部分

03 | 施主の承諾を得た上，設計図書と異なる設計を行った場合

トラブルの内容

住宅の新築工事にて，床下断熱材については，サニーライト厚30 mmを使用することにしていました。しかし，施主と協議をしている中，施主から予算は増やさないものの，他の部分の設計内容をグレードアップしたいとの要望がありました。

そこで，施工会社の担当者は，断熱材の費用を抑えるため，施主と協議のうえ，床下断熱材について，サニーライト厚25 mmを使用することに変更しました（仕様のグレードダウン）。ただし，担当者は変更することを打合せ記録などに残していませんでした。

その後，引渡しを受けた施主から，冬になって，床が冷たい，設計書に定められた断熱材が使用されていないとのクレームを受けるに至りました。

トラブルの原因

グレードダウンをする際に，施主に対して，十分な説明をできていなかったことが原因と考えられます。特に，打合せ記録などを作成していない場合には，施主との間で，認識の齟齬が生じやすいにも関わらず，これを作成していなかったことも一因になっていると考えられます。

ポイント解説

　民事裁判などにおける建物の「瑕疵」該当性は，客観的な資料（書証）を中心に判断されることになります。そして，客観的な資料の中でも特に重要な判断資料となるものは設計図書です。

　もっとも，設計図書作成後の工事途中などに，施主から設計変更を要望されることはよくあります。また，納まりの関係から，設計変更を余儀なくされる場合もあります。このような場合にも，打合せ記録や変更した設計図書など，客観的な資料を中心に，瑕疵該当性について判断されることになります。

　施主に対する変更内容の十分な説明は当然として，その変更内容や説明内容を「記録化」しておくことが，無用なトラブルを避けるためのポイントとなります。

［法的観点からの検討］

1：当事者における契約内容の判断

　施主と合意した契約内容に反する工事を行ってしまった場合には，「瑕疵」に該当すると判断され，施工者は修補義務や修補義務に代わる損害賠償義務を負うこととなります（民法634条）。

　民事裁判などで，裁判所が当事者の合意内容を判断するにあたって，重視するものは客観的な資料となります。もちろん，当事者の言い分や陳述もふまえて判断しますが，客観的な資料を，特に重要視することになります。

　よって，建築裁判においては，請負契約書添付の図面および見積書，建築確認申請書添付の図面，施工図面ならびに打合せ記録などが，施主と施工者との間の合意内容を判断するうえで重要な資料となります。

　また，施主との間のやりとりにおいて，上記資料をしっかりと作成していれば，双方において，認識の齟齬が生じづらくなり，トラブルの回避にもつながります。特に，建具などに比べ，断熱材などの種類については，建築に明るくない施主にとっては，口頭での説明だけではわかりにくいものです。カタログなどを示したうえ，説明を行い，かつ，打合せ記録などにその旨を記録しておくことが非常に重要になります。

2：客観的な資料に記載がない場合における契約内容の判断

　図面や見積書などに，施工内容についての記載がない場合においても，一定の契約内容が当事者間で合意されたと判断されることはあります。

(1) 裁判例の紹介

　長野地裁松本支部平成15年9月29日判決（平成10年（ワ）302号・平成15年（ワ）11号）（以下，「松本支部判決」といいます。）および仙台地裁平成15年12月19日判決（平成11年（ワ）1730号）（以下，「仙台地裁判決」といいます。）は，施工者においてどのレベルでの工事を実施することが，当事者の「契約内容」に含まれているといえるかについて，明確な基準を示しています。

　すなわち，上記の二つの裁判例は，建築確認を受けることが法令上義務づけられていることからすれば，建築基準関係法令に適合した住宅を建築することは，特段の定めがなくても，契約内容に含まれているといえることを示しています。

　また，施主が，請負代金の支払いにあたり，住宅金融公庫を使用する場合，住宅金融公庫は，その定めた建築基準に適合しない建物に対しては融資しないとしていますから，同公庫の仕様に従うことも契約の内容になっているといえると示しています。

　ただし，標準的技術基準（JASSなど）に従うことが契約の内容になっているかについては，見解が分かれます。

　松本支部判決は，「住宅工事においては，日本工業規格，日本農林規格，日本建築学会の設計基準または標準工事仕様書（JASS），公庫仕様書等確立された権威ある建築団体による標準的技術基準に適合しない場合にも，注文者がこれらの技術基準に達しない建物の建築物を希望するとは考えられないので，その建築物に瑕疵があるものと考えられる。」と判示します。一方で，仙台地裁判決は，「同基準（JASS基準のことを指します）が，通常の建築物であれば備えているべき基準として定められたものであることを認めるに足りる証拠はないから，JASS基準に違反しているというだけで，直ちに瑕疵に該当するとはいえないというべきである。」と判示します。

　これについて，欠陥住宅被害全国連絡協議会編『消費者のための欠陥住宅判例［第3集］』（369頁）は，仙台地裁判決を，「確かにわが国の学会，協会等が発行している仕様書，指針等のすべてが標準的な技術水準を定めるものとはいえないとしても，JASS基準については，設計，施工の実務で広く用いられており，本判決の判断には疑問が残る」と評します。また，判例時報1777号に掲載された東京地裁建築訴訟対策委員会による「建築鑑定の手引き」と題する論文には，松本支部判決の判示とほぼ同等の内容が記載されていることから，

	建築基準関係法令等の基準	住宅金融公庫等が定めた建築技術	標準工事仕様書（JASS）等の基準
松本支部判決	契約内容となる	契約内容となる	契約内容となる
仙台地裁判決	契約内容となる	契約内容となる	当然に契約内容とはならない

仙台地裁判決のような結論は支持しないものと想定されます。

（2）現場において

　以上からすれば，松本支部判決に従い，確立された権威ある建築団体による標準的技術基準に従って施工を行うことが，後々のトラブルを回避するため，またトラブルが生じてしまった際にも，早期解決を行ううえで，得策といえます。

　もっとも，施主と直接のやりとりを行わない下請業者等によっては，その建物が公庫基準に合致している必要があるかを知らず，また，標準的技術基準の内容も年々変化していきますので，悪意なく，これらに反した工事を行ってしまう可能性もあります。これらの点については，元請業者の現場監督がしっかりとチェックする必要があります。

コラム────⑤　打合せ記録に署名がもらえない！

　本文で紹介したように，打合せ記録は，契約内容を判断するうえで，重要な資料となります。

　多くの打合せ記録は，打合せ日時，場所を記載したうえで，打合せ内容をメモし，最後に参加者の署名をいただいて，完成させることになります。しかしながら，参加者である施主の署名をいただけない場合も多くあることが実情です。ただし，この場合，打合せ記録の形式に不備があるため，契約内容を判断するうえでの資料として活用できないかというと，そうではありません。施主との間で，話し合った内容を，しっかりと確認のうえ，写しを施主に交付していれば，十分に，施主と打ち合わせた内容の記録となるでしょう。

　また，どうしても心配な場合には，打合せ後に打ち合わせた内容を，施主に対してメールで送るなど，施主との間で，情報の共有化を十分に図るべきと考えます。

コラム——⑥ 標準的技術基準が契約内容となることに対する疑問

　本文では，確立された権威ある建築団体による標準的技術基準に沿った施工が行われることが契約内容となり，これに反した施工は瑕疵であるとする松本支部判決を紹介しました。

　しかし，建築技法が，確立された権威ある建築団体による標準的技術基準に定められたものに限られるとは当然いえません。また，標準的技術基準も，その技術の進歩とともに，年々変化するものです。以上からすれば，確立された権威ある建築団体による標準的技術基準に沿った施工が行われることが契約内容となっており，これに反した施工を，一様に「瑕疵」と判断する結論には疑問を感じます。

　施主は，施工者と請負契約を締結するにあたって，JASS基準などの標準的技術基準を意識していることは少なく，建物の安全性に関しては，単純に施工者に対して，「安全な家」の建築を依頼したと認識しているものと思います。とすれば，標準的技術基準に沿った施工を行うことを明示的に示された場合は別ですが，建築技術上，安全と判断される建物を建築していれば，標準的技術基準に反した施工を実施している建物であったとしても，瑕疵のある建物であるとはいえないのではないでしょうか。

　この点については，議論の余地があると考えます。

04 | 断熱工事と防火不適合

トラブルの内容

　設計図書，確認申請図書では，外壁内に使用する断熱材をグラスウールと記載していたところ，実際の施工では施主からの要望もあり，現場判断で硬質ウレタンフォームに変更した。これにより，準防火地域において求められる，耐火構造の認定仕様に合致せず，建築基準法に適合しないとして，検査済証が取得できなくなりました。

トラブルの原因

　遮音性能を高めてほしいとの施主の希望により，当初予定していた断熱材（グラスウール）ではなく，硬質ウレタンフォームを使用することについて，耐火構造の認定仕様を確認することなく，現場の判断で変更したことがトラブルの原因であると考えられます。

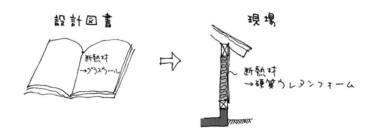

ポイント解説

　準防火地域において求められる，耐火構造の認定仕様に合致しない建築物は，建築基準法に適合しないことから，検査済証が取得できません。また，そのような施工は，基本的には「瑕疵」にも該当することになります。
　トラブルを防止するためには，設計図書，確認申請図書と異なる工事を現場判断で行わないようにすることが重要となります。特に，国土交通大臣により認められた認定工法の場合は，一切の変更を許容しないものであるため，一層の注意が必要となります。
　また，遮音性能という点を重視して断熱材を施工するときであっても，防火規制がかかっているという視点を忘れないことが重要となります。

［法的観点からの検討］

1：準耐火構造に適合しない建物の瑕疵該当性

　建築基準法（以下，「法」といい，建築基準法施行令を「施行令」，建築基準法施行規則を「施行規則」といいます。）第62条1項は，「準防火地域内においては，……地階を除く階数が三である建築物は，耐火建築物，準耐火建築物又は外壁の開口部の構造及び面積，主要構造部の防火の措置その他の事項について防火上必要な政令で定める技術的基準に適合する建築物としなければならない」旨を定めています。トラブル事案の場合には，準耐火構造を備えているか否かが問題となりましたが，準耐火構造に適合させるためには，「準耐火性能に関して政令で定める技術的基準に適合する」必要があります（法第3条）。そして，準耐火性能に関する技術的基準は施行令第107条の2に定められています。

　上記のように，準防火地域においては，建築物は少なくとも準耐火構造を備えていなければならない場合があり，当該構造を有しない建築物は法令に適合しないこととなりますが，この場合，「瑕疵」に該当するといえるかが問題となります。施主が，法規に違反するような建物の建築を注文することは，通常考えられないことから，建築物が法規に適合していることは，契約の当然の前提とされています。そして，法は，「建築物の敷地，構造，設備及び用途に関する最低の基準」（法第1条）を規定したものであることから，建築基準関係法令に違反する場合には，当該関係法令に適合した建物を建築するという合意に違反するとして，瑕疵が認められるのが原則となります。

　そして，法第62条の規定は，準防火地域において，市街地の建築物について防火性能を高めることで延焼や飛火を防ぎ，火災が発生した場合でも，その延焼速度を抑制することにより住民が避難する際の安全を確保するために定められたものであることを考慮すると，準防火地域において，準耐火構造を有しないことは，基本的には「瑕疵」に該当する可能性が高いといえます。

2：断熱材の施工方法

　準耐火構造と認定されるための施工条件は，使用する断熱材ごとに異なり，施行規則上の，構造方法などの認定がなされている工法による施工も存在します。

　構造方法などの認定とは，建築物の構造上の基準その他の技術的基準に関するものに基づき，国土交通大臣が行う構造方法または建築材料に係る認定をいいます（法第68条の25第1項）。

　国土交通大臣により認められた認定工法の場合は，認定された工法どおりに施工する必要があり，一切の変更を許容しないものであるため，設計図書，確

認申請図書と異なる工事を現場判断で行わないように注意する必要があります。

3：断熱材と遮音性能

　トラブル事例においては，建物が線路付近に建築されており，施主から高い遮音性能を要求されたため，当初施工を予定していた断熱材の種類を変更することで，遮音性能を高めることとしました。

　断熱材における遮音性能は，製品ごとに異なるものです。トラブル事例においては，当初グラスウールを使用する予定であったところ，より遮音性能の高い硬質ウレタンフォームの吹付けに変更しました。

　この変更により，遮音性能は高まったものの，準耐火構造に適合しなくなったことによって，後にトラブルが生じることになりました。トラブルを防止するためには，いかに施主の希望がある場合でも，遮音性能の向上という要素にだけ目を向けるのではなく，防火規制がかかっているという視点をもち，さまざまな要素を考慮して適切な判断を行うことが重要となります。

引用条文：
建築基準法（用語の定義）
第二条　この法律において次の各号に掲げる用語の意義は，それぞれ当該各号に定めるところによる。
七の二　準耐火構造　壁，柱，床その他の建築物の部分の構造のうち，準耐火性能（通常の火災による延焼を抑制するために当該建築物の部分に必要とされる性能をいう。第九号の三ロにおいて同じ。）に関して政令で定める技術的基準に適合するもので，国土交通大臣が定めた構造方法を用いるもの又は国土交通大臣の認定を受けたものをいう。
（準防火地域内の建築物）
第六十二条　準防火地域内においては，地階を除く階数が四以上である建築物又は延べ面積が千五百平方メートルを超える建築物は耐火建築物とし，延べ面積が五百平方メートルを超え千五百平方メートル以下の建築物は耐火建築物又は準耐火建築物とし，地階を除く階数が三である建築物は耐火建築物，準耐火建築物又は外壁の開口部の構造及び面積，主要構造部の防火の措置その他の事項について防火上必要な政令で定める技術的基準に適合する建築物としなければならない。ただし，前条第二号に該当するものは，この限りでない。
（特殊構造方法等認定）
第六十八条の二十六　特殊構造方法等認定（第三十八条（第六十七条の二及び第六十七条の四において準用する場合を含む。）の規定による認定をいう。以下同じ。）の申請をしようとする者は，国土交通省令で定めるところにより，国土交通省令で定める事項を記載した申請書を国土交通大臣に提出して，これをしなければならない。
建築基準法施行令（準耐火性能に関する技術的基準）
第三十二条　住宅型式性能認定を受けた型式に適合する住宅又はその部分は，住宅性能評価において，当該住宅型式性能認定により認定された性能を有するものとみなす。

05 | 住宅型式性能認定の仕様と異なる断熱材の施工

トラブルの内容

住宅の品質確保の促進等に関する法律第32条に基づく住宅型式性能認定を用いて建築し，省エネ等級を取得した建物について，住宅型式性能認定上使用するものとされていた断熱材とは，異なる断熱材で施工されていました。

トラブルの原因

断熱材を発注する際の，連絡ミスが原因と考えられます。住宅性能評価の際にも，住宅型式性能認定上使用するものとされていた断熱材とは，異なる断熱材で施工されていることが見落とされていました。

ポイント解説

住宅型式性能認定上使用するものとされていた断熱材と異なる断熱材で施工されていることにより，建物が取得した省エネ等級相当の性能を有しているのか否かが，まず問題となります。

建物が取得した省エネ等級相当の性能を保持していない場合には，品確法第6条の適用により，建物には瑕疵があるといわざるを得ないでしょう。

他方で，建物が取得した省エネ等級相当の性能を保持している場合には，当該性能を保持させることを超え，住宅型式性能認定上使用するものとされていた断熱材を施工することまで，請負契約内容となっていたといえるかが，判断の分かれ目になると考えられます。

いずれにせよ，瑕疵と判断されるリスクは存在すると考えられるため，あらかじめこのようなミスが生じないように，きちんと発注部門との連絡を取っておくことが重要です。

［法的観点からの検討］

1：住宅型式性能認定制度

住宅の品質確保の促進等に関する法律（以下，「品確法」といいます。）第32条は，「住宅型式性能認定を受けた型式に適合する住宅又はその部分は，住宅性能評価において，当該住宅型式性能認定により認定された性能を有するものとみなす」旨を定めており，一定の型式について，認定機関が性能評価基準に適合する旨の認定をした場合に，当該型式に関して住宅性能表示評価機関が評価を省略できる制度が設けられています。

そして，個々の住宅型式性能認定においては，特定の断熱材を使用すべきことが定められていることがあります。

その場合に，指定された断熱材以外の断熱材を使用していれば，認定を受けた型式を使用していないことになりますから，本来，審査は省略できなくなるはずです。

しかしながら，この点が見落とされ，住宅性能表示を取得した場合に，建物に瑕疵があるといえるか，ということが問題となります。

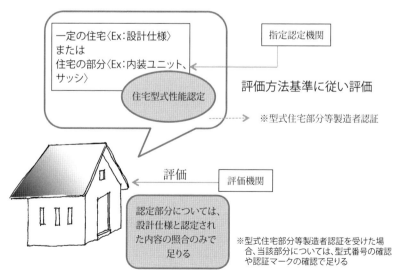

住宅型式性能認定制度の仕組み

2：住宅性能表示に相当する性能を有していない場合

　住宅型式性能認定上指定された断熱材を使用しなかった結果，建物が取得した省エネ等級に相当する性能を有しないことになった場合には，仮に取得した住宅性能表示が取り消されないとしても瑕疵となり，瑕疵該当性が肯定されると考えられます。

　すなわち，品確法第6条においては，「住宅の建設工事の請負人は，設計された住宅に係る住宅性能評価書（以下「設計住宅性能評価書」という。）若しくはその写しを請負契約書に添付し，又は注文者に対し設計住宅性能評価書若しくはその写しを交付した場合においては，当該設計住宅性能評価書又はその写しに表示された性能を有する住宅の建設工事を行うことを契約したものとみなす。」旨で規定されていますので，「住宅性能表示を取得すること」が契約内容ではなく，「取得した住宅性能表示に相当する性能を有する建物を建築すること」が契約内容となります。

　したがって，取得した住宅性能表示が取り消されなくとも，建築された建物が取得した省エネ等級の性能を満たしていないことが発覚した場合には，瑕疵が生じることになります。

3：住宅性能表示に相当する性能を有している場合

　住宅型式性能認定上指定された断熱材を使用していなかったとしても，そのことは住宅性能表示にかかる審査の省略ができないにも拘わらず，審査を省略してしまったことを意味するだけであって，直ちに建物が取得した省エネ等級の性能を満たしていないことになるわけではありません。

　そして，建物が取得した省エネ等級の性能を有していることが明らかになった場合には，仮に上記品確法第6条の規定が適用された場合であっても，性能評価書に記載された性能を有する建物を建築するとの契約内容には適合しているわけですから，直ちに瑕疵であるとはいえないと考えられます。

　この点は，当事者の合理的意思解釈の問題となり，請負契約上，取得すべきものとされていた省エネ等級の性能を満たす建物を建築することを超えて，住宅型式性能認定上指定された断熱材を使用することについてまで，特に合意していたといえるかどうかにより，判断が分かれると考えます。

　ただし，住宅型式性能認定を用いて，省エネ等級を取得することとされていた以上，住宅型式性能認定上指定された断熱材を使用することが契約内容であったとされるリスクは否定できません。

　したがって，あらかじめこのようなミスが生じないよう，きちんと発注部門との連携をとっておくことが重要となります。

コラム ── ⑦ | 建築基準法上の型式適合認定制度

　本件において問題となった住宅型式性能認定制度は，品確法上の制度であり，建築基準法上の型式適合認定制度とは異なるものです。

　したがって，本件において，住宅型式性能認定上指定された断熱材を施工していないことが，建築基準法違反となることはありません。

　ただし，住宅型式性能認定は，建築基準法上の型式適合認定と併せて利用されることが多いので，住宅型式性能認定に適合していないとの指摘を受けたときは，建築基準法上の型式適合認定に適合しているかどうかの目配りも必要になります。

引用条文：
住宅の品質確保の促進等に関する法律
（住宅型式性能認定を受けた型式に係る住宅性能評価の特例）
第三十二条　住宅型式性能認定を受けた型式に適合する住宅又はその部分は，住宅性能評価において，当該住宅型式性能認定により認定された性能を有するものとみなす。
（住宅性能評価書等と契約内容）
第六条　住宅の建設工事の請負人は，設計された住宅に係る住宅性能評価書（以下「設計住宅性能評価書」という。）若しくはその写しを請負契約書に添付し，又は注文者に対し設計住宅性能評価書若しくはその写しを交付した場合においては，当該設計住宅性能評価書又はその写しに表示された性能を有する住宅の建設工事を行うことを契約したものとみなす。

06 | フラット35の仕様書を基準とした瑕疵判断

トラブルの内容

　建物の新築工事に関し，施主は，一級建築士と，設計および工事監理業務委託契約を締結しました。ところが，施主は建築された建物につき，設計上の瑕疵があるとして，設計者に対して債務不履行ないし不法行為に基づく損害賠償を求めて訴訟を提起しました。

　施主は，具体的には①外張断熱工法が採用されているにもかかわらず，基礎部分に外断熱が採用されていないとの主張，②屋根につき，垂木外側が断熱に覆われておらず，室内側も垂木が断熱材の上にはないため，垂木の上下を通して熱橋となっているほか，断熱材の厚さが80 mm必要なところが，50 mmしかないとの主張，③断熱材の継ぎ目に気密テープが施工されていない部分があり，また，AFボードのメーカーの仕様書においては，透湿防水シートを施工するように指示されているにもかかわらず施工されていない，といった主張を裁判上で行いました。

トラブルの原因

　施主は特定の設計内容，施工方法にこだわった主張を裁判上で展開していますが，当該施工方法は唯一無二の絶対的な施工方法というわけでもありません。一般的・標準的な施工方法が何であるか，本件の工事においてどのような施工方法を採用するかといった説明が不足していたと思われます。

ポイント解説

　東京地裁平成 26 年 3 月 28 日判決（平成 21 年（ワ）40066 号）において，裁判所は，独立行政法人住宅金融支援機構監修の木造住宅工事仕様書（以下，「フラット 35 工事仕様書」といいます。）が「木造住宅の一般的な設計・施工の水準を検討するうえで参考となる」と評価しました。そのうえで，本件におけるような施主の上記各主張について，フラット 35 工事仕様書の内容に照らし，設計者の設計が不合理なものとは認められず，いずれも設計上の瑕疵に該当しないと判断しました。

[法的観点からの検討]

　本事例は，東京地裁平成 26 年 3 月 28 日判決（平成 21 年（ワ）40066 号）を題材とした事例です。裁判所は，施主である原告の主張する設計上の瑕疵について検討するにあたり，フラット 35 工事仕様書が「木造住宅の一般的な設計・施工の水準を検討するうえで参考となる」と評価したうえで，施主の各主張について，以下のように判断しました。

1：①外張断熱工法が採用されているにもかかわらず，基礎部分の外断熱が採用されておらず，内装仕上材が必要であるのに採用されていないとの主張

　施主の上記①に関する主張に対し，裁判所はフラット 35 工事仕様書において，基礎部分の断熱については，「基礎内断熱」と「基礎外断熱」が並列的な施工方法として掲げられていることに着目しました。フラット 35 工事仕様書の記載を基にして，基礎外断熱を採用しないことが，設計上の選択として明らかな誤りであるわけではないという点を，まずは確認したというわけです。

　そのうえで，裁判所は本件において基礎内断熱を採用したことの妥当性について検討しました。そして，基礎外断熱が採用されるのは，地中に埋めた断熱材がシロアリの被害を受けにくい北海道，東北，北陸地方の各県のみで採用を検討するものとされていることや（本件の建物は，判決文を見る限り，関東地方の所在地と推測されます。），外壁材を板張りとする場合には直接通気を可能とする構造とすれば，通気層を設ける必要がないことなどを指摘し，設計者が基礎内断熱を採用したことは，基礎部分の断熱工法に関する一つの設計上の選択に過ぎないとして，設計上の瑕疵とはいえないと判断しました。

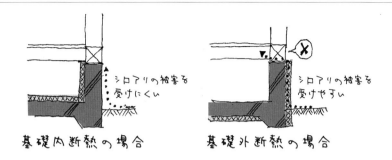

 上記のような寒冷地以外で基礎外断熱を採用するとなると、防蟻対策を併せて行わなければならず、基礎内断熱においてはそのような手間が不要であることを考えれば、基礎内断熱を採用することが、明らかな誤りであると考えることは難しいでしょう。

2：②屋根につき、垂木外側が断熱に覆われておらず、室内側も垂木が断熱材の上にはないため、垂木の上下を通して熱橋となっているほか、断熱材の厚さが 80 mm 必要なところが、50 mm しかないとの主張

 施主が主張する施工状況が正しいか明らかでないことを前提に、裁判所は上記②の主張を検討するにあたり、やはりフラット 35 工事仕様書を参照し、建物の所在地によって断熱材の厚さを一定条件下で軽減できることが書かれていることを確認しました。これによると、本件の建物の所在地においては、原則として天井断熱材の厚さは 90 mm 以上でなければならないが、他の箇所で補完ができているのであれば、45 mm まで厚さを軽減できるとのことでした。
 そのうえで、裁判所は、本件の建物について、東側に採用されている固定サッシ 4 枚とその他のアルミ・樹脂製複合サッシによって補完がなされており、天井断熱材の厚さを 45 mm まで軽減できることを認定し、天井断熱材の厚さが 50 mm 確保できている以上、フラット 35 工事仕様書の水準を満たしているとして、設計上の瑕疵とはいえないと判断しました。

3：③断熱材の継ぎ目に気密テープが施工されていない部分があり、また、AF ボードのメーカーの仕様書においては、透湿防水シートを施工するように指示されているにもかかわらず、施工されていないとの主張

 施主の上記③の主張に対し、裁判所は、フラット 35 工事仕様書の内容に踏み込む前に、まず、原告の指摘する AF ボードのメーカーの仕様書の記載は、

あくまで「推奨」に過ぎず，気密テープにより処理する方法によれば，透湿防水シートを省略することが可能であると記載されていることを確認しました。つまり，透湿防水シートを施工する以外の方法を，メーカーが認めていることを認定したわけです。

　そして，裁判所は，フラット35工事仕様書において，断熱材の継ぎ目に気密補助材を用いて隙間を生じないようにする施工方法と，透湿防水シートを張る施工方法が並列的な施工方法として挙げられていることを指摘しました。

　そのうえで，裁判所は，本件において透湿防水シートを張る施工方法は，主に繊維系断熱材を用いる場合に必要とされているところ，本件の建物に用いていた断熱材は発泡プラスチック断熱材であるとして，透湿防水シートを用いない施工方法が不合理であるとはいえないと判断しました。

　なお，本件の建物には，気密テープも透湿防水シートも施工されていない箇所がありましたが，裁判所はメーカーの施工例に鑑みれば，気密テープの木部との接着は必須とはいえず，建物の気密性に影響が出ているわけでもないとして，設計上の瑕疵を認めませんでした。

4：まとめ

　裁判所は，フラット35工事仕様書が，建物の所在地によって，推奨している施工方法が異なるところまで着目したうえで，上記の判断を下しており，瑕疵該当性を判断するうえでフラット35工事仕様書の記載内容を重視していると考えられます。

　他方で，裁判所は，フラット35工事仕様書が，木造住宅の「一般的な」設計・施工の水準を検討するうえで「参考となる」という表現をしており，フラット35工事仕様書がいかなる場合にも絶対的な基準になるとまでは考えていないようです。現に，施主の上記③の主張を検討するにあたり，AFボードの仕様書にも同様に着目しています。

　断熱材や断熱方法は多種多様となってきており，各施工者が工夫を凝らしてサービスを提供し，差別化を図って競争しています。とはいえ，まずは，「一般的な」設計・施工の水準として参考となるものがあるのかはチェックしておき，内容を確認しておくことが必要といえます。

07 | 広告において記載した場所に断熱材が入っていなかった場合

トラブルの内容

「当社の安心断熱材施工」と銘打った広告で、新たに住宅を建築し、パンフレットの図では、建物2階の床下にも断熱材が施工されるかのような記載となっていました。

他方で、実際に施工された建物の2階床下には、断熱材が施工されておらず、「パンフレットの記載と異なる」とのクレームを受けました。請負契約書添付の見積書や図面を確認したところ、建物2階の床下に断熱材を施工することは明記されていません。

トラブルの原因

建物の2階床下にまで断熱材を施工することは一般的ではないために、請負契約書類においてこの点を記載することなく、結果、断熱材を施工しなかったことが原因です。

ポイント解説

　2階床下の断熱材施工は，一般的技術基準の観点から求められるものとは言い難いところ，広告内容が契約内容といえるかが問題となります。
　この点，広告内容を積極的に施主に説明し，施主もこれを前提として請負契約を締結していた場合には，請負契約書・契約書添付の見積書，契約図面などに2階床下の断熱材施工に関する記載がなくとも，広告内容を根拠に，請負契約の内容であるとされるリスクがあります。
　瑕疵が認められてしまった場合には，1階天井を剥がしてやり直すなどの大がかりな工事が必要になる可能性がありますが，軽微な瑕疵の補修のために，過大な費用を要する場合であるとして，民法634条1項但し書きの適用を主張する余地もあります。

［法的観点からの検討］

1：2階床下の断熱材施工

　2階床下は，外気に触れる場所ではないので，一般に，断熱性能を期待される場所ではなく，2階床下に断熱材を施工しなければならないとの一般的技術基準が存在するとは言い難いと思われます。
　他方で，2階床下に断熱材を施工すべきことが，請負契約において特に合意され，これが重要な契約内容となっていた場合には，2階床下に断熱材が施工されていないことは瑕疵となりえます（最高裁平成15年10月10日判決（集民211号13頁））。
　そこで，パンフレット記載の図が請負契約内容であるといえるのかが，ポイントとなります。

2：パンフレットの記載と請負契約書の記載

　請負契約内容は，原則として，請負契約書，請負契約書添付の見積書・図面などによって決定されることになります。
　しかし，これらの書類に請負契約内容を確定する手がかりとなるような記載がない場合には，補充的に，パンフレット・広告の内容が契約内容を判断する手かがりとして参照されることがあります。
　パンフレット記載の図が抽象的で，確定した契約内容を示しているものとは

いえない場合や，パンフレットは施主に交付されているものの，特に内容を説明せず，施主も内容を確認していたものではないといった場合には，パンフレット・広告の記載が，契約内容を構成しない可能性があります。一方，パンフレット記載の内容を積極的に説明し，施主もこれを前提として請負契約を締結していたような場合には，当該内容が契約内容であるとされることがあります。

3：瑕疵とされてしまった場合の補修費用

仮に，2階床下の断熱材未施工が瑕疵であるとされてしまった場合には，瑕疵担保責任の内容として，その補修が問題となります。

2階床下は，人が入ることのできるようなスペースがあるとは限らず，またそもそも点検口すらないような場合には，既存の1階天井を剥がしたうえで，断熱材を施工し，1階天井を張り直すなどの大がかりな工事が必要になることも想定されます。

このような場合，補修費用も高額化するおそれがあります。

そもそも2階床下に断熱材が施工されていなくとも，上記のとおり一般に2階床下は断熱性能が期待されている場所ではないとして，瑕疵の内容は重大ではない，と主張する余地がありそうです。

そこで，補修が大がかりなものとなってしまう場合，施工者としては「瑕疵が重要でない場合において，その修補に過分の費用を要するとき」には施工者は補修義務を負わないと定める民法634条1項但し書きの適用を主張し，当該補修をなし，あるいは当該補修費用全額の損害賠償をする義務を負わない，と主張することも考えられます。

ただ，仮にこのような主張が認められた場合であっても，損害賠償義務の一切が免責されるわけではありません。広告内容において，2階床下に断熱材を施工する旨を記載していたのであれば，請負契約において，これを失念しないよう，注意すべきことはいうまでもありません。

> ### コラム——⑧ 断熱材未施工と工事の完成
>
> 　法律上，請負代金の請求には，「工事の完成」が必要であると解されています。断熱材の一部が未施工であった場合，そもそも「工事の完成」が認められるのでしょうか。
>
> 　実務上，トラブルになった際，一部の未施工をもって，未だ「工事の完成」は認められず，「引渡し」もないとして，施主から引渡遅延損害金を請求される例もあります。
>
> 　この点，法律上は，「工事の完成」については，「工事が途中で廃せられ予定された最後の工程を終えない場合は工事の未完成に当るものでそれ自体は仕事の目的物の瑕疵には該当せず，工事が予定された最後の工程まで一応終了し，ただそれが不完全なため補修を加えなければ完全なものとはならないという場合には仕事は完成したが仕事の目的物に瑕疵があるときに該当するものと解すべきである」と解されており（東京高裁昭和36年12月20日判決），このような考え方からすれば，今回のように2階床下の断熱材が未施工であっても，建物建築の工程を一応終えている以上，「仕事の完成」は否定できないことになりそうです。

引用条文：
民法
第六百三十四条　仕事の目的物に瑕疵があるときは，注文者は，請負人に対し，相当の期間を定めて，その瑕疵の修補を請求することができる。ただし，瑕疵が重要でない場合において，その修補に過分の費用を要するときは，この限りでない。

08 | 省エネ法に違反しているとの指摘

トラブルの内容

建築した建物の断熱性能が，エネルギーの使用の合理化に関する法律第72条に違反しているとのクレームを受けました。

トラブルの原因

施主は，省エネに対して強い関心を有しており，設計内容を協議している中でも，省エネとなるような工夫を建物に盛り込んでほしいと希望していました。しかし，設計した建物は，予算の関係上，省エネ法における基準に準拠した設計にはなっていませんでした。

ポイント解説

「エネルギーの使用の合理化に関する法律」（以下，「省エネ法」といいます。）第72条は努力規定なので，建築した建物に，同規定に沿わない部分があったとしても，直ちにそれが瑕疵に該当するとはいえません。

ただし，施主との間で，省エネ法第72条が定める基準による施工の実施を合意した場合には，同基準に沿った建物を建築することが契約内容となります。よって，建築した建物に，同基準に沿わない部分があった場合

には，瑕疵があるとされ，施工者は補修義務または補修義務に代わる損害賠償の支払義務を負う可能性があります。

　また，「省エネ法第72条に定める基準で施工を行う」という合意は，抽象的であり，契約内容として特定できているとはいえませんが，施主との間で誤解が生じている可能性があります。具体的に，どの基準に沿って，どのような内容の施工を行うのかを定める必要があります。特に，省エネに関して，強い関心をもたれている施主との間では，具体的な仕様について，十分な打合せを行わなければなりません。

[法的観点からの検討]

1：客観的瑕疵と主観的瑕疵

　請負契約における「瑕疵」とは，その種類のものとして，通常，有すべき性質を欠いていることをいう客観的瑕疵と，当該契約において予定されていた性質を欠いていることをいう主観的瑕疵があります[1]。

　前者は，建物を建築したところ，建物にクラックがあり，そのクラックから雨漏りが発生する状態などの例が挙げられます。一方，後者は，施主と施工者との間で，耐震等級3の建物を建築することを合意していたところ，耐震等級2の建物を建ててしまったなどの例が挙げられます。

2：省エネ法とは

　省エネ法は，①内外におけるエネルギーをめぐる経済的社会的環境に応じた燃料資源の有効な利用の確保に資するため，また，②工場等，輸送，建築物および機械器具等についてのエネルギーの使用の合理化に関する所要の措置，電気の需要の平準化に関する所要の措置その他エネルギーの使用の合理化等を総合的に進めるために必要な措置等を講ずることとし，もって国民経済の健全な発展に寄与することを目的とする法律です（省エネ法第1条参照）。

　建築業界との関係では，住宅を建築し販売する住宅供給事業者（住宅事業建築主）に対し，その建築する特定住宅の省エネルギー性能の向上を促す措置を施すことが求められています。

　また，以下に示す表（60頁）のように，一定の建築物の建築等を行う際に義務が課せられることとなります。

　一方で，上記以外の建築物については，建築物に係るエネルギーの使用の合理化に資するよう努めると規定されるのみで，特段の義務は課されていません。

建築物の規模	義務	罰則等
床面積2,000m²以上の建築物（第一種特定建築物）	新築・増改築の際に, 省エネルギー措置を都道府県等に届け出ることが必要となる。	省エネルギーの措置が著しく不十分である場合, 指示, 指示に従わない場合に公表, 命令（罰則）がある。
床面積300m²以上の建築物（第二種特定建築物）	新築・増改築の際, 省エネルギー措置を都道府県に届け出ることが必要となる。	省エネルギーの措置が著しく不十分である場合, 勧告の措置がある。

3：努力義務と瑕疵との関係

　通常, 法令などにおいて, 義務が定められている場合, 当該義務に違反すると, 罰則などの何らかの法的制裁を受ける可能性があります。

　一方, 違反しても罰則などの法的制裁を受けない努力義務と呼ばれるものもあり, 努力義務が定められた規定を努力規定といいます。

　平成27年7月31日東京地方裁判所判決は, 省エネ法第72条に定める施工の合意がなされたにもかかわらず, 建物外壁の断熱性能がこれを充足していないとして, 施主側が瑕疵に該当すると主張した件について, 「エネルギーの使用の合理化に関する法律72条は努力規定であるから, 本件建物に同規定に沿わない部分があったとしても当然に瑕疵に該当するとはいえない」という理由付けの下で瑕疵該当性を否定しました。

　この判示部分をどこまで一般化できるかは不透明な面がありますが, 少なくとも努力規定に過ぎない条項である省エネ法の定めに関しては, 当然に契約内容を構成するものではなく, これに沿わない仕様・施工となっていたとしても, 当然, 瑕疵に該当するものではないという反論が成立し得ると考えられます。

　一方で, 努力規定を除く建築基準法関係法令の定めに関しては, 当然, 契約内容を構成するものであるともいえそうです。このあたりの判断については, 38～41頁で詳細に紹介しています。

コラム―⑨ 建築省エネ法の制定

　東日本大震災以降, 日本のエネルギー需給は一層逼迫する中, 建築物部門のエネルギー消費量は著しく増加しているといわれます。そこで, 建築物部門において, 省エネ対策の抜本強化が必要不可欠であると考えられ, 平成27年7月8日に, 建築物のエネルギー消費性能の向上に関する法律（建築省エネ法）が制定されました。建築省エネ法は, 建築物の省エネ性能の

向上を図るため，①大規模非住宅建築物の省エネ基準適合義務等の規制措置と，②省エネ基準に適合している旨の表示制度および誘導基準に適合した建築物の容積率特例の誘導措置を一体的に講じたものとなっています[2]。

　上記のうち，②誘導措置については，平成 28 年 4 月 1 日から施行されています。建築物を建築するにあたって，一定の誘導基準に適合している場合，その計画の認定（性能向上計画認定）を建設地の所管行政庁から受けることができ，容積率の特例，例えば，省エネ向上のための設備について，通常の建築物の床面積を越える部分を不参入とするなどのメリットを受けることができます。

　①規制措置は，平成 29 年 4 月から施行されることが予定されています。非住宅建築物のうち，床面積が 2,000 m^2 以上（予定）の建築物について，新築・増改築をしようとする場合，その用途や規模などに応じて省エネ基準に適合していることの所管行政庁等による判定や所管行政庁への届出が必要となります。対象となる建築物については，省エネ基準に適合していなければ，建築基準法上の確認済証の交付を受けられないとすることが予定されており，大規模な建築物を建築する施工者にとっては，十分な注意が必要です。

引用条文：エネルギー使用の合理化に関する法律
（建築物の建築をしようとする者等の努力）
第七十二条　次に掲げる者は，基本方針の定めるところに留意して，建築物の外壁，窓等を通しての熱の損失の防止及び建築物に設ける空気調和設備その他の政令で定める建築設備（以下「空気調和設備等」という。）に係るエネルギーの効率的利用のための措置を適確に実施することにより，建築物に係るエネルギーの使用の合理化に資するよう努めるとともに，建築物に設ける電気を消費する機械器具に係る電気の需要の平準化に資する電気の利用のための措置を適確に実施することにより，電気の需要の平準化に資するよう努めなければならない。
一　建築物の建築をしようとする者
二　建築物の所有者（所有者と管理者が異なる場合にあっては，管理者。以下同じ。）
三　建築物の直接外気に接する屋根，壁又は床（これらに設ける窓その他の開口部を含む。以下同じ。）の修繕又は模様替をしようとする者
四　建築物への空気調和設備等の設置又は建築物に設けた空気調和設備等の改修をしようとする者

1　山本敬三著『民法講義IV-1 契約』281 頁，有斐閣，2005 年
2　（一財）建築環境・省エネルギー機構『建築物のエネルギー消費性能の向上に関する法律（建築物省エネ法）の概要』参照

3 断熱材未施工・施工不良の指摘

01 | 断熱材のわずかな隙間

トラブルの内容

「高性能・高気密住宅！」という売り込みを見かけた施主が，断熱性能の高い快適な住宅を希望し，建築工事請負契約を締結しました。建物建築工事などにおいて，断熱材がわずかに外れて（剥がれて）いたり，気密テープが不十分で隙間風が入ってくるなど，断熱材の施工について，わずかな隙間が空いていたため，施工者がクレームを受けたケースです。

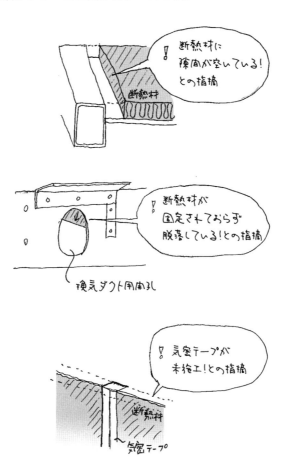

ポイント解説

　断熱材にわずかな隙間が生じている事実を前提とすると，施工者はそのことを原因として，施主に対する瑕疵担保責任（民法第634条以下）を負うかがポイントとなります。

　この点については，断熱材に隙間が生じていても，現実に，断熱性能に特段の影響を与えないという場合には，瑕疵該当性が否定される場合もあります。

　他方で，契約内容どおりに断熱材が施工されていたとしても，断熱材の固定がきちんとなされておらず，隙間に外部から空気が流入しており，生活上看過できないほどの冷気が流入する状況となれば，瑕疵の存在が肯定されることになります。

　また，断熱材の隙間とは異なりますが，住宅型式性能認定において定められた範囲に，気密テープが施工されていないとの指摘を受けることも考えられます。このような場合には，瑕疵該当性が肯定されるリスクが高い施工例といえます。

　省エネ施策により，施主の省エネ住宅への意識が高まることが想定されますので，施工精度を高めることの重要性を改めて認識しなければなりません。

［法的観点からの検討］

1：断熱材について

　断熱材とは，物理・科学的物性により熱移動・熱伝達を減少させるものの総称です。

　建物の外気に接する壁などの部分に，熱伝導率の低い素材を施工することで建物内と建物外との熱移動を防ぎ，建物のエネルギー効率および居住性能を高める働きがあります。

2：断熱材の隙間についての瑕疵担保責任該当性

　請負契約の瑕疵担保責任における「瑕疵」とは，一般的には，その種類の物として通常有するべき品質・性能を欠いている状態をいいます。

　この瑕疵の定義と前述した断熱材の働きを踏まえると，断熱材に隙間が生じていたからといって，直ちに請負契約の瑕疵担保責任を負うことにはなりません。

具体的には，仮に隙間が生じていても，その隙間がわずかであり，部屋全体の断熱性能を損なうものでないという場合には，瑕疵該当性が否定される場合もあります。このような場合は，断熱材として「通常有するべき品質・性能を欠いている」とはいえないからです。

逆にいえば，断熱材に隙間が生じていることにより，生活上看過できないほどの冷気の流入・伝達，壁・床・天井内結露の発生などの現象が生じていれば，これは断熱材として「通常有するべき品質・性能を欠いている」状態となり，瑕疵担保責任を負うことになります。

3：誇大広告との関係

施主の省エネ住宅への意識・期待が高まるにつれ，「高性能・高気密住宅」などといった売り込み広告も増加することになります。

施主はそのような広告を見た結果，断熱性能による快適性に対して大きな期待を抱き，「断熱材はまったく隙間なく設置されている」とのイメージを抱きがちになります。このようなイメージギャップから，トラブルが深刻化することにもつながってしまうことに，注意が必要です。

木造住宅の建築においては，おさまりの関係上，断熱材の施工が部分的に困難となることも往々にして発生しますので，契約締結の際にはその点も理解することも必要になります。

4：トラブルの際の争い方

断熱材の隙間についてトラブルが生じた際には，施主から瑕疵担保責任に基づく損害賠償請求や補修請求を受けることになります。

これに対して，上記の2で検討した観点から，実際に断熱性能が損なわれているか否かについて，施主に対して根拠を示すよう求めるのが第一の争い方になります（仮に裁判になった場合，断熱材の隙間が「瑕疵」に該当することについて立証しなければならないのは施主の方だからです）。

コラム―――⑩ 省エネルギー性能に関する基準（断熱等性能等級4）

建設会社など住宅供給者が多数の標準的な性能表示住宅を供給する場合，あらかじめ標準化した住宅型式を登録して，その性能を事前に認定してもらう「住宅型式性能認定」という制度があります。

住宅の品質確保の促進等に関する法律（平成11年法律第81号）に基づく評価方法基準（平成13年国土交通省告示第1347号。以下，「評価方法基準」といいます。）第5の5-1断熱等性能等級に定められている等級4の基準は，住宅型式性能認定における省エネルギー対策等級の最高水準のもので，次世代省エネルギー基準に相当します。

　住宅を断熱材などで包み込むことにより，従来よりも高い水準の断熱性を実現するものです。

　この場合，気密テープを施工すべき範囲が定められているのですが，仮に定められた範囲に気密テープが施工されていなければ，瑕疵該当性が肯定されてしまうリスクが高いといえます。「省エネルギー対策等級4の建物」とすることが契約内容に明記されているという認定になり，瑕疵が生じてしまうおそれがあるためです。

引用条文：
評価方法基準（平成13年国土交通省告示第1347号）
第5　評価の方法の基準（性能表示事項別）
（中略）
5　温熱環境に関すること
5-1　省エネルギー対策等級
（中略）
(3) 評価基準
イ　（中略）
ロ　熱貫流率等による基準
1）等級4
次に掲げる基準に適合していること。
a　断熱構造とする部分の基準
設計施工指針2に掲げる基準に適合していること。
b　躯体の断熱性能等に関する基準
設計施工指針3に掲げる基準に適合していること。この場合において，設計施工指針3の本文中「次に」とあるのは「(1),(2) イ,ロの（ロ）から（ヘ）まで及びハ並びに(3)に」と，設計施工指針3(3) ハ（ハ）中「流入」とあるのは「高濃度で流入及び滞留」とし，3-1(3)イ1) gに適合している場合にあっては設計施工指針3(2) ロ（ハ）に，3-1(3)イ1) fに適合している場合にあっては設計施工指針3(2) ロの（ホ）及び（ヘ）に，それぞれ適合しているものとみなす。
c　開口部の断熱性能等に関する基準
設計施工指針4（(4)を除く。）に掲げる基準に適合していること。

02 | 壁・天井用断熱材の床下への使用

トラブルの内容

床下の断熱材として、壁用や天井用として販売されている防湿シート付の断熱材が使用されているとのクレームを受けました。

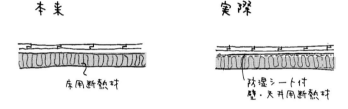

トラブルの原因

断熱材を発注する際の連絡ミスや、現場において使用材料の選択を誤ったことが原因と考えられます。

ポイント解説

壁用や床用として販売されている防湿シート付の断熱材を、床下に使用したこと自体が、「瑕疵」となるか否かがまず問題となります。

この点、「床下の断熱材としての最低限の機能・性能等を有する断熱材を使用する」こと以上に、「床下には床用の断熱材を使用する」ことが「特に約定され、これが契約の重要な内容になっていた」という場合でない限り、上記は直ちに「瑕疵」とはならないと考えられます（最高裁第二小法廷平成15年10月10日判決（集民211号13頁）参照）。

他方、壁用や床用として販売されている防湿シート付の断熱材を床下に使用したことにより、断熱性能が劣り、または結露などの不具合が生じやすくなる場合には、「瑕疵」があることになります。使用した断熱材が、

床用の断熱材と同じ材料かつ同じ厚さであるため，断熱性能において，床用の断熱材を使用した場合と比べ，劣後することがなく，かつ，防湿シートを上側にして設置していたことによって，断熱材の中で湿気が滞留して結露が発生する，という危険も少ない場合には，「瑕疵」はないと考えられます。

実際に訴訟となった場合には，壁用や床用として販売されている防湿シート付の断熱材を床下に使用したという事実を前提として，「瑕疵」がないという反証をすることは，やはり容易ではないことが予想されます。第一には，この事案のようなミスが発生しないよう，発注部門との連携をとり，また，現場において使用材料を精査することが重要となります。

［法的観点からの検討］

1：用法違反となる施工をしたこと自体が，「瑕疵」（契約違反）となるか

今回のクレーム内容は，壁用や天井用として販売されている断熱材を，床下に使用したこと（以下，「本件用法違反」といいます。）が，「瑕疵」（契約違反）になると指摘するものです。つまり，断熱材メーカーが指定する用法と異なる施工をしたことに関して，「瑕疵」（契約違反）ではないかという点が問題視されたのです。

それでは，断熱材について，メーカーが指定する用法と異なる施工をすること自体が「瑕疵」（契約違反）となるのでしょうか。

この点については，最高裁第二小法廷平成15年10月10日判決（集民211号13頁）の，以下の判示内容が参考となります。

この判例では，建物の主柱を300×300 mmの鉄骨とする内容で建物建築請負契約を締結したものの，実際に施工された建物の主柱の鉄骨は250×250 mmであった（それでも，構造計算上，居住用としての建物の安全性には問題はなかった）という事案について，当該仕様（300×300 mmの鉄骨を使用すること）が，「特に約定され，これが契約の重要な内容になっていた」ことを理由に，施工に「瑕疵」（契約違反）があると認定されています。このように，「特に約定され，これが契約の重要な内容になっていた」という条件が付された理由としては，「通常，当事者間では，その種の物として最低限有すべき性質・性能等を実現することは，黙示的であれ合意されているものの，一方，それ以上の性質・性能等を実現することまでは，当然には合意されている（契約内容となっている）わけではない」という意識があるものとも考えられます。

この判例を参考にすれば，今回の事案においても，例えば，契約時に「床下の断熱材は，床下に使用する断熱材として最低限の性質・性能等を有していたとしても，床用以外の断熱材は使用してはならない」という施主側の要望があったことにより，「床下には床用の断熱材を使用する」ことが「特に約定され，これが契約の重要な内容になっていた」という場合でない限りは，本件用法違反は，当然には「瑕疵」（契約違反）とはならない可能性があるのです。

2：断熱性能の劣後・結露などの生じやすさにより，「瑕疵」（契約違反）となるか

今回の事案においても，本件用法違反によって，床用の断熱材を使用した場合と比較して，断熱性能が劣り，または結露などの不具合が生じやすいのであれば，「瑕疵」（契約違反）となります。それは，一定の断熱性能を有することや，結露などが容易には発生しないことは，断熱材として最低限有すべき性質・性能などとして，当然に合意されている（契約内容となっている）と考えられるからです。

それでは，床用の断熱材を使用した場合と比較して，断熱性能は劣後するのでしょうか。

この点については，床下に使用した壁用や天井用の断熱材が，床用の断熱材と同じ材料かつ同じ厚さであれば，基本的には断熱材自体の客観的な断熱性能は劣後しないと考えられます。

次の問題として，床用の断熱材を使用した場合と比較して，結露などの不具合が生じやすくなるのでしょうか。壁や天井用の断熱材は床用の断熱材と異なり，防湿シートが付着しているため，防湿シートの影響で通気性・透湿性が劣ることとなり，室内からの湿気が床下の断熱材に滞留する結果，断熱材に結露が生じるなどの不具合が発生しないかという問題です。

この点については，防湿シート部分を下側にして，断熱材を設置していた場合には，室内からの湿気が床材を通して断熱材に到達し，しかも，防湿シートが存在するために床下へ透過もせずに，断熱材の中で滞留してしまうことになります。この場合，断熱材の中で結露が生じるなどの不具合が発生しやすくなるでしょう。

その一方で，防湿シート部分を上側にして，断熱材を設置していた場合には，防湿シートによって室内からの湿気が断熱材に侵入すること自体を防ぐことができますので，断熱材の中で湿気が滞留する危険が少なくなります。この場合には，直ちに断熱材の中で結露が生じるなどの不具合は発生しないため，床用の断熱材を使用した場合と比較して性能的に劣後するものではなく，「瑕疵」（契約違反）とはならないと考えられます。

3：実際に訴訟となった場合のリスク

　以上のとおり，今回の事案のように用法違反があったとしても，使用した断熱材が床用の断熱材と同じ材料かつ同じ厚さであるため，断熱性能において床用の断熱材を使用した場合と比べ劣後することがなく，かつ，防湿シートを上側にして設置していたことによって，断熱材の中で湿気が滞留して結露が発生しやすいという状態でもなかったという場合には，「瑕疵」（契約違反）とはならないと考えられます。

　もっとも今回の事案で，実際に訴訟となった場合には，施工者側にとっては，本件用法違反が存在しても，なお「瑕疵」（契約違反）はないという反証をしなければならないという点から，やはり困難を伴うことが想定されます。

　実際に使用した壁用や天井用の断熱材が，床用の断熱材と同じ材料かつ同じ厚さであったとしても，断熱材メーカーが指定する用法と異なる施工をしたことは事実ですから，一定の断熱性能が確保されていることの保証はなく，断熱性能不足を疑われるかもしれないためです。

　また，訴訟にまでなっている以上，施主の側からは，本件用法違反とともに，断熱材や床材のカビや腐敗などの，現実に発生している不具合も指摘されることが考えられます。そのような不具合が存在する場合，その原因が本件用法違反による断熱材の透湿性・通気性不足に起因すると疑われ得るでしょう。

　このように，本件用法違反をしてしまった場合には，訴訟となった際の敗訴リスクも否定できません。本件用法違反のような事態が発生しないよう，発注部門との連携を綿密にとり，また，現場において使用材料を精査することが重要となります。

03 | サッシ周りの断熱材未施工

トラブルの内容

建物のサッシ枠の周りに断熱材が施工されていないことから,室内に結露が発生してしまいました。

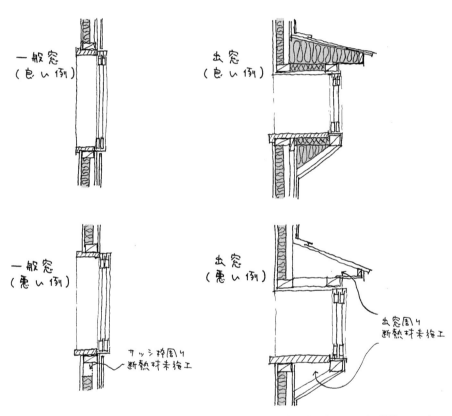

建設省住宅局生産課慣習「結露防止ガイドブック」(財団法人住宅・建築省エネルギー機構,1992)56頁より抜粋

トラブルの原因

サッシ枠の周りに断熱処理を施すことは,開口部にサッシを納める場合の通常の施工方法であるにもかかわらず,サッシ枠周りに断熱材を施工していなかったという知識不足の結果,今回のトラブルに至りました。

ポイント解説

　サッシ枠の周りに断熱材施工がないと，室内に結露が発生する可能性が高くなります。そのため，通常の技術基準ではサッシ枠の周りには断熱材を施工すべきと解されており，同部分に断熱材が施工されていないと，技術基準違反の瑕疵はもちろんのこと，契約（合意）違反の瑕疵も認定される可能性があります。
　そのため，施工者は，サッシ枠周りの断熱材施工箇所や施工範囲に関する基本的な技術基準の知識を備える必要があります。

［法的観点からの検討］

1：瑕疵の概念

　請負契約における「瑕疵」とは，完成された仕事が契約に定められた契約どおりではなく，使用価値もしくは交換価値を減少させる欠点があるか，または，当事者があらかじめ定めた性質を欠くなど不完全な点を有することを意味します。

　そして，瑕疵該当性の判断は，欠陥ないし不具合を呈する「現在の状態」が契約に定められた「あるべき状態」に合致しているか，合致していない場合は，修補請求権または損害賠償請求権という法律効果を生じさせるに足りる実質を有するものであるか否かという価値判断を伴うものです。この価値判断は，建物の品質（価値）および機能（性能）を欠いているかどうかという建築技術上の判断と，当事者がその点にどれほどの重きをおいているかという契約内容の解釈を伴います[1]。

　以上の「瑕疵」の概念・解釈論を前提に，本件で問題となったサッシ枠周りの断熱材未施工の問題を検討します。

2：サッシ施工における通常の断熱材施工

　室内に結露が発生することは，建物にとって悪影響であることは明白です。上記の瑕疵の概念で説明した建築技術上の判断，契約内容の解釈いずれの要素を考慮しても，結露発生をもたらすような断熱材施工の不備は，「瑕疵」に該当すると判断されることになります。

　そして，建築技術の観点からは，サッシ枠の周囲に断熱材がまったく施工されていなければ，外気が室内に流入して外気温と室内温の差異が働き，室内に結露が発生しやすくなるといわれています。

そのため，開口部にサッシを納める場合には，サッシ枠の周りに断熱処理を施すことが通常の施工方法であると解されます。図面・仕様書などの設計図書に特段の指示がなくても，サッシ枠の周りに断熱材を施工することが，黙示的に請負契約の内容を構成すると解釈される可能性もあります[2]。

```
サッシ周りに          サッシ周りの          サッシ周りの
断熱材がなければ   →  断熱材施工は     →   断熱材施工が
結露発生              通常の技術基準        黙示の請負契約内容
```

3：通常の技術基準に関する知識を備える

　サッシ枠周りの断熱材施工のように，通常の技術基準に照らせば断熱材を施工すべき箇所に断熱材が施工されていなければ，技術基準違反の瑕疵はもちろんのこと，契約（合意）違反の瑕疵に該当すると判断される可能性があります。これは，契約書・図面・仕様書などの契約内容を判断する資料に，断熱材の施工箇所・範囲について特段の指示記載がなくても同様です。

　断熱材施工の際には，施工箇所や施工範囲に関する通常の技術基準の知識とそれを実行できるスキルを備え，建物の断熱・気密性能を確保するにあたって基本的な部分・範囲への断熱材未施工が生じないよう，十分留意する必要があります。

> コラム───⑪ **エネルギー使用の合理化に関する法律**
>
> 　上記東京地方裁判所平成27年7月31日判決は，エネルギー使用の合理化に関する法律72条に定める施工の合意がなされたにもかかわらず，建物外壁の断熱性能がこれを充足していないとして瑕疵に該当するという施主の主張に対して，
> 　「エネルギーの使用の合理化に関する法律72条は努力規定であるから，本件建物に同規定に沿わない部分があったとしても当然に瑕疵に該当するとはいえない」
> という理由付けの下で，瑕疵該当性を否定しました。
> 　この判示部分をどこまで一般化できるかは不透明な面があります。ただ，少なくとも努力規定に過ぎない条項が定める断熱材仕様については，当然に契約内容を構成するものではなく，これに沿わない仕様・施工となっていたとしても，当然に瑕疵に該当するものではないという反論が成立し得ると考えられます。

引用条文:
エネルギー使用の合理化に関する法律(基本方針)
第三条 経済産業大臣は,工場又は事務所その他の事業場(以下「工場等」という。),輸送,建築物,機械器具等に係るエネルギーの使用の合理化及び電気の需要の平準化を総合的に進める見地から,エネルギーの使用の合理化等に関する基本方針(以下「基本方針」という。)を定め,これを公表しなければならない。
2 基本方針は,エネルギーの使用の合理化のためにエネルギーを使用する者等が講ずべき措置に関する基本的な事項,電気の需要の平準化を図るために電気を使用する者等が講ずべき措置に関する基本的な事項,エネルギーの使用の合理化等の促進のための施策に関する基本的な事項その他エネルギーの使用の合理化等に関する事項について,エネルギー需給の長期見通し,電気その他のエネルギーの需給を取り巻く環境,エネルギーの使用の合理化に関する技術水準その他の事情を勘案して定めるものとする。
3 経済産業大臣が基本方針を定めるには,閣議の決定を経なければならない。
4 経済産業大臣は,基本方針を定めようとするときは,あらかじめ,輸送に係る部分,建築物に係る部分(建築材料の品質の向上及び表示に係る部分並びに建築物の外壁,窓等を通しての熱の損失の防止の用に供される建築材料の熱の損失の防止のための性能の向上及び表示に係る部分を除く。)及び自動車の性能に係る部分については国土交通大臣に協議しなければならない。
5 経済産業大臣は,第二項の事情の変動のため必要があるときは,基本方針を改定するものとする。
6 第一項から第四項までの規定は,前項の規定による基本方針の改定に準用する。

(建築物の建築をしようとする者等の努力)
第七十二条 次に掲げる者は,基本方針の定めるところに留意して,建築物の外壁,窓等を通しての熱の損失の防止及び建築物に設ける空気調和設備その他の政令で定める建築設備(以下「空気調和設備等」という。)に係るエネルギーの効率的利用のための措置を適確に実施することにより,建築物に係るエネルギーの使用の合理化に資するよう努めるとともに,建築物に設ける電気を消費する機械器具に係る電気の需要の平準化に資する電気の利用のための措置を適確に実施することにより,電気の需要の平準化に資するよう努めなければならない。
一 建築物の建築をしようとする者
二 建築物の所有者(所有者と管理者が異なる場合にあっては,管理者。以下同じ。)
三 建築物の直接外気に接する屋根,壁又は床(これらに設ける窓その他の開口部を含む。以下同じ。)の修繕又は模様替をしようとする者
四 建築物への空気調和設備等の設置又は建築物に設けた空気調和設備等の改修をしようとする者

---

1 松本克美・齋藤隆・小久保孝雄編著『【専門訴訟講座②】建築訴訟〔第2版〕』308〜309頁,民事法研究会,2013年
2 東京地裁平成27年7月31日判決(平成24年(ワ)22051号・平成24年(ワ)28960号)は,開口部にサッシを納める場合はサッシ周りに断熱処理を施すことが黙示的に請負契約の内容となっていると判断している

04 | ユニットバス周囲に断熱材が施工されていないとのクレーム

トラブルの内容

施主から、ユニットバスの洗い場の床下部分に断熱材が施工されていないため、断熱等性能等級4違反の瑕疵であるとのクレームを受け、訴訟にまで発展しています。

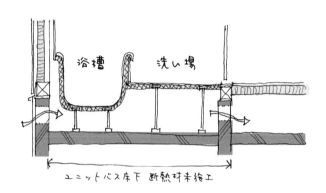

トラブルの原因

施主にとっては、断熱等性能等級4を満たすためには、ユニットバスの洗い場の床下部分にまで断熱材が施工されていないといけないという誤解があり、その誤解が今回のクレームにつながっていると想定されます。

ポイント解説

住宅性能評価書が交付された場合、品確法第6条第1項により、住宅性能評価の基準とされた評価方法基準を満たす建物を建築することは、請負契約上の義務になります。そして、断熱等性能等級4は、住宅性能評価における評価方法基準の一つですから、断熱等性能等級4に適合するとして住宅性能評価がなされた場合には、断熱性能等級4を満たす建築にすることは、施工者の契約上の義務の内容となります。

> 今回のクレーム内容のように、ユニットバスの洗い場の床下部分に断熱材が施工されていなかったとしても、ユニットバス自体に断熱措置が施されている場合には、断熱等性能等級4に違反することはないため、それ以上に断熱材を隙間なく施工すべきとの特段の合意がない限りは、瑕疵には該当しません。今回のクレームは、法的には何ら理由のないものと考えられます。

［法的観点からの検討］

1：クレーム内容についての法的分析

クレームは、ユニットバスの洗い場の床下部分に断熱材が施工されていないことが瑕疵であるということです。その理由として、訴訟では、断熱等性能等級4（以下、「等級4」といいます。）違反を主張しています。

そこで、今回のクレームが理由のあるものか否かを判断するにあたっては、①等級4を満たすことが施工者の契約上の義務の内容になっていたか否か、および、②ユニットバスの洗い場の床下部分に断熱材が施工されていないことが、等級4に違反するか否か、という①および②が問題となります。

以下では、上記①および②の順序で検討し、判断することとします。

2：①等級4（評価方法基準の一種）を満たすことは施工者の契約上の義務

住宅の品質確保の促進等に関する法律第5条第1項は、「国土交通大臣の登録を受けた者（省略）は、申請により、住宅性能評価（設計された住宅又は建設された住宅について、日本住宅性能表示基準に従って表示すべき性能に関し、評価方法基準（省略）に従って評価することをいう。以下同じ。）を行い、国土交通省令・内閣府令で定める事項を記載し、国土交通省令・内閣府令で定める標章を付した評価書（以下、「住宅性能評価書」という。）を交付することができる。」と規定しています。つまり、住宅性能評価書は、評価方法基準に従って住宅性能評価がなされた場合に交付されます。

そして、品確法第6条第1項では、「住宅の建設工事の請負人は、設計された住宅に係る住宅性能評価書（以下、「設計住宅性能評価書」という。）若しくはその写しを請負契約書に添付し、又は注文者に対し設計住宅性能評価書若しくはその写しを交付した場合においては、当該設計住宅性能評価書又はその写しに表示された性能を有する住宅の建設工事を行うことを契約したものとみなす。」と規定されていますので、住宅性能評価の基準とされた評価方法基準を

満たす建物を建築することが，請負契約上の義務になります。

　等級4は，住宅性能評価における断熱等性能等級の最高等級として，評価方法基準の中に定められているため，等級4に適合するとして住宅性能評価がなされた場合には，等級4を満たすことが請負契約上の義務となります。

　そのため，建築された建物が等級4を満たしていなければ，瑕疵該当性が肯定されることになります。

3：②等級4違反の有無

　このクレーム内容のとおりに，ユニットバスの洗い場の床下部分に断熱材が施工されていないことは，等級4に違反するとして，瑕疵となるのでしょうか。評価方法基準においては，「住宅部分の外壁，窓等を通しての熱の損失の防止に関する基準及び一次エネルギー消費量に関する基準」（平成28年国土交通省告示第266号。以下，「住宅仕様基準」といいます。）1に適合している場合には，等級4に適合するとされています。そして，住宅仕様基準1では，浴室の断熱構造について，断熱施工しなくてもよい部分として，「断熱措置がとられている浴室下部における土間床部分」が挙げられています。

　よって，ユニットバス自体に断熱措置がとられていれば，ユニットバスの洗い場の床下部分に断熱材が施工されていなかったとしても，等級4に適合することになるため，それ以上に断熱材を隙間なく施工すべきとの特段の合意（例えば，見積書，設計図書，仕様書などに，ユニットバスの洗い場の床下部分に断熱材を施工する旨の記載があり，しかも，その記載内容が契約内容となっていたと評価できる場合）がない限りは，瑕疵該当性は否定されることになります。

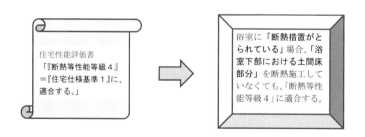

　以上のとおり，ユニットバス自体に断熱措置がとられている以上は，ユニットバスの洗い場の床下部分に断熱材が施工されていなくても，等級4違反の事実はないため，このクレーム内容については，断熱材を隙間なく施工すべきとの特段の合意がない限りは，法的には何らの理由もないものと考えられます。

　なお，浴室の断熱施工については，従来，在来浴室の土間部分には断熱材が

施工できないことや，湿気を含んでしまい断熱材が性能低下しやすいといった認識があったため，浴室の断熱材施工は不要であるという考え方も存在していました。現在では，住宅仕様基準1でユニットバス自体に断熱措置が要求されていることからもわかるように，上記の考え方は通用しないので注意してください。

引用条文：
住宅の品質確保の促進等に関する法律
（住宅性能評価）
第五条　第七条から第十条までの規定の定めるところにより国土交通大臣の登録を受けた者（以下「登録住宅性能評価機関」という。）は，申請により，住宅性能評価（設計された住宅又は建設された住宅について，日本住宅性能表示基準に従って表示すべき性能に関し，評価方法基準（第五十八条第一項の特別評価方法認定を受けた方法を用いる場合における当該方法を含む。第三十一条第一項において同じ。）に従って評価することをいう。以下同じ。）を行い，国土交通省令・内閣府令で定める事項を記載し，国土交通省令・内閣府令で定める標章を付した評価書（以下「住宅性能評価書」という。）を交付することができる。
（住宅性能評価書等と契約内容）
第六条　住宅の建設工事の請負人は，設計された住宅に係る住宅性能評価書（以下「設計住宅性能評価書」という。）若しくはその写しを請負契約書に添付し，又は注文者に対し設計住宅性能評価書若しくはその写しを交付した場合においては，当該設計住宅性能評価書又はその写しに表示された性能を有する住宅の建設工事を行うことを契約したものとみなす。

評価方法基準（平成十三年国土交通省告示第千三百四十七号）（抄）
第4　評価の方法の基準（総則），5　温熱環境・エネルギー消費量に関すること，5-1　断熱等性能等級，（3）評価基準（新築住宅）ただし書き
ただし，住宅部分の外壁，窓等を通しての熱の損失の防止に関する基準及び一次エネルギー消費量に関する基準（平成28年国土交通省告示第266号。以下「住宅仕様基準」という。）1に掲げる基準に適合している場合にあっては，イ及びロの基準において等級4の基準に適合しているものとみなす。

住宅仕様基準（「住宅部分の外壁，窓等を通しての熱の損失の防止に関する基準及び一次エネルギー消費量に関する基準」。平成二十八年　国土交通省告示第二百六十六号）
1　外壁，窓等を通しての熱の損失の防止に関する基準，断熱構造とする部分
外皮については，地域の区分（建築物エネルギー消費性能基準等を定める省令第1条第1項第2号イの地域の区分をいう。以下同じ。）に応じ，断熱及び日射遮蔽のための措置を講じた構造（以下「断熱構造」という。）とすること。ただし，次のイからへまでのいずれかに該当するもの又はこれらに類するものについては，この限りでない。
（中略）
ホ　断熱措置がとられている浴室下部における土間床部分

05 | 広縁，納戸，キャットスペースの断熱材未施工

トラブルの内容

施主が施工者に増改築リフォーム工事を発注し，施工者は工事を完成させましたが，広縁，納戸，キャットスペースなど複数箇所に断熱材が施工されていませんでした。

住宅金融公庫の木造住宅工事仕様書には，建物の断熱材は建物が外部に接する面すべてを隙間なく包み込むように設置し，断熱効果を発揮するように記載されています。今回の建物は，住宅金融公庫の融資を受けておらず，住宅金融

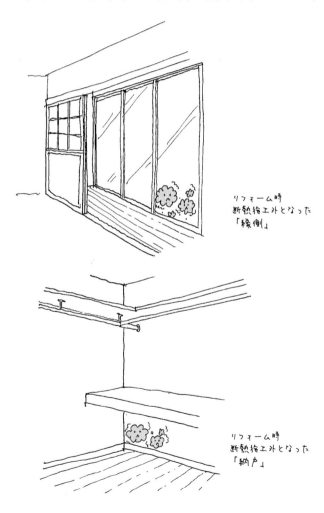

リフォーム時
断熱施工外となった
「縁側」

リフォーム時
断熱施工外となった
「納戸」

公庫の木造住宅工事仕様書による技術水準に準じるとの明確な合意はありませんでした。また，契約締結に際して作成された設計図書などには，特にこれらの箇所に断熱材を施工するとの記載はありませんでした。

トラブルの原因

断熱材をどの箇所に設置するかについては，事前の明確な合意がなく，施工者は，広縁，納戸，キャットスペースは，人が居住する場所ではないため，断熱材の施工は不要と考えていました。

ポイント解説

大雑把に仕様書といっても，仕様書の性格にはさまざまなものがあります。特に，住宅金融公庫の仕様書が本件建物に適用される前提（住宅金融公庫の融資を受けている，ないしは，当該仕様書に準じる旨の明確な合意があること）を欠いていれば，当該仕様書に違反していることをもって直ちに瑕疵と判断されることはないと考えられます。

このような場合，通常の建築物において断熱材を施工すべき場所がどこかが問題となり，この判断にあたっては，「人の居住する部分」ないし「人が日常生活に使用する部分」という要素が一つの基準になると考えられます。

［法的観点からの検討］

1：瑕疵の判断基準

請負契約の瑕疵担保責任における「瑕疵」とは，一般的には，その種類の物として通常有するべき品質・性能を欠いている状態をいいます。

建築工事の請負契約における「瑕疵」の判断の基準，分類に関しては，諸説ありますが，一つの整理として，仙台地方裁判所平成15年12月19日判決（平成11年（ワ）1730号）が参考になります。同裁判例が，瑕疵の判断に関して述べている部分は次のとおりです。

「一般に，建物建築工事の施工につき瑕疵があるか否かは，その施工が，契約で定められた内容を充足しているか否か，施工当時の我が国における現在の標準的な技術水準に照らして，通常の建築物であれば備えているべき構造・機能・安全性等が確保されているか否かという見地から判断すべきである。具体

的には，①契約締結に際して作成された設計図書等に従って施工されているか否か，②建築基準法及び施行令並びに同施行令に基づいて定められた建設省ないし国土交通省の告示に従って施工されているか否か，③通常の建築物であれば備えているべき構造・機能・安全性等が確保されているか否か，④国庫融資を受けることが予定されている建物については，国庫仕様書（ただし，参考として添付された図面を除く。）に記載された内容に従って施工されているか否か，という観点から検討されるべきである。」

　もちろん，上記の①から④までの基準によって瑕疵の判断基準が網羅されているとまではいえず，瑕疵の内容によっては，①から④までのどの基準によったものであるのか，区別しにくいものもあると想定されます。また，改正民法案では，「瑕疵」という概念が「契約不適合」という概念で整理されていることを考えますと，結局は，契約の内容として何が予定されているかを判断するにあたっての要素を整理したものと考えることもできるかもしれません。

　ただ，最終的には「契約の内容として何が予定されているか」ということに収斂されるにせよ，その判断過程において，一定の要素に分類しながら検討を行うことは有意義と思われますので，以下では，上記仙台地方裁判所裁判例が示した，①から④までの観点を参考に検討するものとします。

2：仕様書の性質

　本件では，断熱材の施工方法につき，住宅金融公庫の木造住宅工事仕様書に具体的な規定があり，施主からは，当該仕様書に違反することを瑕疵の根拠として主張されることが考えられます。上記仙台地方裁判所裁判例でも，仕様書については④で触れられていますので，以下では，この点について考えていきます。

　まず，仕様書といっても，世の中には数多くの仕様書が存在します。仕様書の性格には，施工にあたって確保されるべき最低限度の基準を明示したものから，法令が定める水準を超えて，メーカー独自の仕様・性能を実現するために定められたものまで，その趣旨にはさまざまなものがあります。

　したがって，ある仕様書を瑕疵の判断基準として用いる場合には，当該仕様書の性格や当該仕様書をめぐる当時者のやり取りについて十分に吟味し，真に当該事案において当該仕様書を瑕疵の判断基準にすることが適当か，検討する必要があります。この点について，前記仙台地方裁判所判決では，「原告らはJASS 基準も瑕疵の判断基準とされるべきと主張するが，同基準が，通常の建築物であれば備えているべき基準として定められたものであるということを認めるに足りる証拠はないから，JASS 基準に違反しているというだけで，直ち

に瑕疵に該当するとはいえないというべきである。」と判断している部分も参考になります。

本件では、施主から、住宅金融公庫の木造住宅工事仕様書に違反することを瑕疵の根拠として主張されることが考えられます。本件と同様の事案が問題となった高松高等裁判所平成20年2月11日判決（平成18年（ネ）16号）は、次のとおり判示し、結果として、住宅金融公庫の木造住宅工事仕様書を瑕疵の判断基準とすることを否定しています。

「控訴人は、控訴人宅に係る本件工事については住宅金融公庫の融資を受けていない（弁論の全趣旨）から、住宅金融公庫の木造住宅工事仕様書による技術水準がそのまま妥当するとは認められないし、本件増改築契約締結時において、控訴人と被控訴人（代理人D）との間で、断熱材の設置については住宅金融公庫の木造住宅工事仕様書による技術水準に準ずるとの明確な合意が成立していたものとも認め難い。」

本件についても、上記高松高等裁判所裁判例と同様の事実関係のもとでは、住宅金融公庫の木造住宅工事仕様書が瑕疵の判断基準とされることはないと推察されます。

3：断熱材が施工されるべき箇所

住宅金融公庫の木造住宅工事仕様書に違反することをもって瑕疵であるといえない場合、本件で問題となっている断熱材の未施工は瑕疵にあたるのでしょうか。

広縁、納戸、キャットスペースについて、断熱材を施工すべきか否かについては法令上の規定もなく、また、本件では明確に設計図書には記載されていませんでした。前記仙台地方裁判所裁判例の基準によれば、③の「通常の建築物であれば備えているべき構造・機能・安全性等が確保されているか否か」という観点から、広縁、納戸、キャットスペースに断熱材が施工されるべきといえるかが問題になります。

この点について、本件と同様の事案が問題となった前記高松高等裁判所裁判例では、次のように判示しています。

「そうであるとすれば（引用者注：前記2の判示部分を受けての記載）、そもそも人の居住する部分ではない納戸やキャットスペースについて、その天井裏や床下にまで被控訴人において断熱材を設置しなければ瑕疵となるとは考えられない。これに対し、広縁及び浴室は、人が日常生活に使用する部分であるから、被控訴人は、控訴人宅1階、2階の浴室の外壁（天井）及び1階広縁の天井裏には、断熱材を設置すべきであると認められる。」

この判示によると、「人の居住する部分」ないしは「人が日常生活に使用する部分」が、通常の建築物において断熱材を設置すべきといえる箇所の判断に関わってくるといえます。そして、この判断基準のもと、前記高松高等裁判所裁判例では、結論において、「人の居住する部分」ないしは「人が日常生活に使用する部分」に当たるものとして、広縁・浴室を、当たらないものとして、納戸・キャットスペースを分類したということになります。

　前記高松高等裁判所裁判例は、追加変更工事代金を請求した本訴と瑕疵担保責任に基づく損害賠償を請求した反訴に関する判断を示したものであり、膨大な数の工事に対する判断を示したこともあってか、「人の居住する部分」ないしは「人が日常生活に使用する部分」をどのように判断するかについては述べていません。特に、キャットスペースに対する判断はともかく、広縁と納戸については判断がなぜ分かれたかについては、必ずしも明確ではないように思います。

　この点に関しては、前記高松高等裁判所裁判例が「人の居住する部分」「人が日常生活に使用する部分」という異なる表現を用いて判示をしていることから、次のような整理も考えられます。特に、後者については「日常」生活と記載されていることから、後者については、ある程度、反復継続して使用に供されるという要素に着目したというように読めます。この点から考えますと、前者については、「居住」という表現から、一度の使用に供する際には、ある程度継続した時間、当該場所にとどまることになるという要素に着目したというようにいえるかもしれません。これらをまとめると、通常の建築物において断熱材を施工すべき場所というのは、人が生活するにあたり、当該場所にどの程度の時間とどまることが想定されているか、また、当該場所をどの頻度で訪れることが想定されているか、といった要素から判断されると整理することができそうです。

4：本事例の検討

　以上より、前記高松高等裁判所判決に照らすと、本件では、広縁に断熱材が施工されていないことについては瑕疵にあたり、一方で、納戸・キャットスペースに断熱材が施工されていないことは瑕疵にあたらないと考えられます。

06 | 結露やカビの原因は断熱材の老朽化などであるとの主張

トラブルの内容

　冬期に，賃貸マンション居室内の押入れなどに大量の結露やカビが発生し，同押入れなどに収納していた物品が汚損しました。その原因は，老朽化した断熱材や外壁などの亀裂といった，マンションの構造上の問題について，貸主が修繕義務に違反して修繕しなかったことなどであるとして，借主が訴訟を提起して，貸主に対して損害賠償を求めました（東京地裁平成27年8月10日判決（平成27年（レ）228号））。

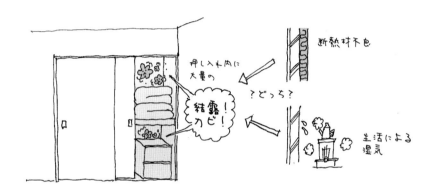

トラブルの原因

　居室内の結露やカビの原因が，特定し難いことであると考えられます。今回の事案では，居室内の結露やカビの原因としては，借主が主張するマンションの構造上の瑕疵という可能性の他に，借主の居室の使用態様である可能性もうかがわれました。

ポイント解説

　本事案における争点は，貸主が，居室の賃貸人としての，①居室の結露発生の防止措置（外壁の断熱材を交換する，居室内に発泡ウレタンによる内断熱を施すなど）を採る義務，もしくは，②居室に大量の結露が発生する原因を調査して，その原因を除去する義務に違反したか否かであり，その判断は，居室内の押入れなどに大量の結露およびカビが発生した原因が，断熱材の老朽化や外壁などの亀裂といった，マンションの構造上の瑕疵であるか否かにかかわります。

　裁判所は，①同マンションの他の居室においては大量の結露やカビなどが発生しているとは認められないことや，②借主が石油ストーブなどの水蒸気が発生しやすい暖房器具を使用するなどしていたために，結露が発生しやすい状況になっていた可能性が推察されることから，居室内の結露やカビがマンションの構造上の瑕疵に起因するとは認められないと認定しました。

　この裁判所の判断は，仮に，マンションの施工者や販売者として，マンションの施主や購入者の側から，結露やカビによる被害が発生しており，それが断熱材施工の瑕疵に起因するとして，訴訟を提起された場合にも，反論の指針として参考になります。

［法的観点からの検討］

1：事案の詳細（時系列）

平成17年7月：
　　マンション（昭和49年建築）居室についての賃貸借契約が締結された（以下，同賃貸借契約の目的物であるマンションおよび居室を，それぞれ「本件マンション」，「本件居室」といいます。）。

平成23年12月頃：
　借主は，貸主に対して，本件居室内の押入れなどにおいて，通常の範囲を超える程度の結露が発生している旨を申告した。これに対し，貸主は，状況確認を行ったものの，特段の対応を採ることをしなかった。

平成25年12月頃：
　本件居室内の押入れなどに，大量の結露およびカビが発生した。

平成26年1月：
　貸主は，工事業者に依頼して，本件居室内の押入れに断熱材を入れる工事を実施した。しかし，本件居室内の押入れの大量の結露およびカビの発生は

収束しなかった。

同年11月28日以降：

　　借主は，本件居室において，石油ストーブを使用していない。

2：本訴訟における主な争点

　本訴訟においては，借主は，貸主が，本件居室の賃貸人としての，①本件居室の結露発生の防止措置（外壁の断熱材を交換する，本件居室内に発泡ウレタンによる内断熱を施すなど）を採る義務，または，②本件居室に大量の結露が発生する原因を調査して，その原因を除去する義務に違反したところ，その結果，発生した大量の結露およびカビにより本件居室の押入れなどに収納していた物品が汚損したとして，貸主に対して，賃貸借契約上の債務不履行に基づく損害賠償を求めました。

　本訴訟における主な争点は，貸主が，上記①または②の義務に違反したか否かということになります。

　本訴訟においては，貸主が上記①および②の各義務に違反したか否かについて，裁判所が判断するにあたり，本件居室内の押入れなどに大量の結露およびカビが発生した原因が，本件マンションの断熱材の老朽化や，平成23年3月11日に発生した東日本大震災による本件マンションの外壁などの亀裂といった，本件マンションの構造上の瑕疵であるか否かが争われました。

3：争点に対する裁判所の判断

　本訴訟において，裁判所は，以下の理由から，本件居室内の押入れなどに大量の結露およびカビが発生した原因が，本件マンションの構造上の瑕疵であるとは認定することができず，したがって，貸主には上記①および②の義務違反があるとは認められないと判断しました（東京地裁平成27年8月10日判決（平成27年（レ）228号））。

　裁判所は，まず，ⓐ本件マンションの居室のうち本件居室以外の居室においても，本件居室と同程度の結露が生じているという事実は，証拠上認められないとして，本件居室内の結露およびカビが，本件マンションの構造上の瑕疵に起因すると推認することはできないと判断しました。

　また，裁判所は，ⓑ本件居室が北側の角部屋であり，外気と内気との温度差の程度や居室内の寒暖差の程度も比較的大きいと考えられること，本件居室の壁はコンクリートの上に直接壁紙が貼られていることから，本件居室内は結露が発生しやすく，水回りの換気を行わずに水分を多く含む空気を居室内に滞留させ，あるいは水蒸気が発生しやすい暖房器具を使用するなど本件居室の使用

態様によっては，結露が多く発生し得る状況にあったと認定しました。そのうえで，裁判所は，借主が平成26年の冬期以降には本件居室内で石油ストーブを使用しなかったということ以外，本件居室の具体的な使用態様を明らかにしていないため，本件居室の使用態様が本件居室における大量の結露およびカビの発生原因である可能性も否定できないと判断しました。

　以上のⓐおよびⓑの判断を理由に，本訴訟において，裁判所は本件居室内の押入れなどに大量の結露およびカビが発生した原因や機序について，貸主の修繕義務の発生を認めるに足りる程度に特定することができず，したがって，貸主には上記①の義務違反があるとは認められないと判断し，また，貸主が本件居室の修繕義務を負う可能性があることを前提に，それに先立って結露の原因を調査すべき義務を負うものではないとして，貸主には上記②の義務違反があるとも認められないと判断しました。

4：施主側から断熱施工の瑕疵により結露やカビが発生したと主張された場合

　本訴訟自体は，マンションの賃借人が賃貸人に対して損害賠償を求めたという事案に関するものです。しかし，本訴訟の判断内容は，例えば，マンションの施工者や販売者の立場からしても，非常に参考になります。

　なぜならばマンションの施工者や販売者として，マンションの施主や購入者の側から，結露やカビによる被害が発生しており，それが断熱施工の瑕疵に起因するとして，訴訟を提起された場合には，本訴訟を参考に，例えば，ⓐ同マンションの他の居室においては大量の結露やカビなどが発生しておらず（他の居室の状況との比較），また，ⓑ居住者は，石油ストーブなどの水蒸気が発生しやすい暖房器具を使用するなどしていたため，結露が発生しやすい状況となっていた（結露の原因となり得る居住者の使用態様），といった視点から反論をすることが考えられるからです。

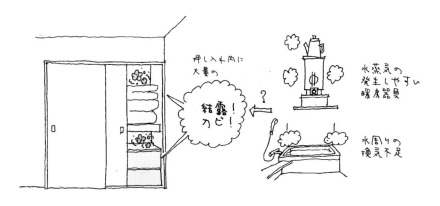

本訴訟を参考に，上記ⓐやⓑについて示すことができれば，施主や購入者の側が，上記ⓐやⓑを，証拠をもって否定しなければならない状況となり，それは容易ではない場合が想定されるため，本訴訟と同じく，訴訟を非常に有利に進めることができると考えられます。

コラム───⑫ **「次世代省エネルギー基準」不適合の断熱材使用は瑕疵か**

本裁判例では，断熱材施工工事において使用された断熱材が，「次世代省エネ基準」に対応していないために販売終了となったとしても，そのことが直ちに，当該断熱材の断熱性能が結露の発生を防止し得ないほどに乏しいとの瑕疵を基礎づけるものではない旨の判示もなされています。

もっともそのような判断が，建物建築請負契約の瑕疵該当性判断においても常に妥当するわけではないという点は，注意が必要です。

つまり，断熱性能に関する「次世代省エネルギー基準」は，断熱等性能等級4（以下，「等級4」といいます。）です。等級4を満たすとして住宅性能評価がなされた場合には，品確法第6条第1項により，等級4を満たすことが施工者の契約上の義務となります。

その場合には，「次世代省エネルギー基準」たる等級4に適合しない断熱材を使用していたことは，瑕疵となります。

このように，建築請負契約においては，瑕疵が生じることを防ぐためには，「次世代省エネルギー基準」を順守することが必要となる場合もあります。

引用裁判例：
東京地裁平成27年8月10日判決（抜粋）
「本件居室において大量の結露が発生し，本件居室の住居としての使用に相当な支障が生じていることが認められるとしても，そのことから直ちに，被控訴人が賃貸物である本件居室を控訴人に使用収益させる義務を怠ったとして，その使用及び収益に必要な修繕をしなければならないというものではないというべきである。本件において取り調べ済みの全証拠によっても，本件居室における大量の結露の発生原因や機序について，これを賃貸人である被控訴人に修繕義務の発生を認めるに足りる程度に特定することができず，被控訴人に修繕義務違反があると認めることはできない。
また，前判示のとおり，控訴人の本件居室の使用態様が本件居室における大量の結露の発生原因である可能性を否定し得ず，控訴人が石油ストーブの使用の有無以外に本件居室の具体的な使用態様を明らかにするものでない以上，被控訴人が本件居室の修繕義務を負う可能性があることを前提に，それに先立って結露の原因を調査すべき義務を負うものでもないというべきである。」

07 | 大引きの位置に入れられた床下断熱材

トラブルの内容

　床下断熱材は，大引きの上に位置する根太の位置に入れられるべきであるのに，大引きの位置に床下断熱材が入れられているため，断熱効果が薄れているとして，施主からクレームを受け，損害賠償請求を受けました。

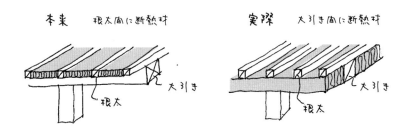

トラブルの原因

　建築士が設計を行い，工事については施工会社に発注したが，実際の工事は他の大工が施工した。それに，建築士は，断面図，基礎状図，床伏図，天井伏図，小屋伏図などは作成していないため，大工が建物の構造や詳細について把握できていなかったために，このような問題が起きたものと考えられます。

ポイント解説

　床下断熱材は，熱を逃さないようにするため，床板との間に隙間が生じないよう，根太の位置に入れられるべきものです。しかし，これを根太の下に位置する大引きの位置に入れてしまうと，場合によっては床板との間に隙間が生じてしまい，断熱効果が薄れてしまいます。
　このような施工が行われた場合に，施工に瑕疵があったとして，施工者が施主に対して瑕疵担保責任を負うか否かが問題となります。

[法的観点からの検討]

1：大引き・根太と断熱材との関係

　大引きは，1階の床組の重要な部材で，根太を支え，大引きの端は土台に止められています。大引きは床束と束石で支えられています。一般的には，大引きを 90 cm 間隔で並べ，その上に大引きと直交する形で根太が乗り，床板を張って仕上げます。

　根太は，住宅の床を張るために必要となる下地です。在来工法の場合，根太は大引きの上に垂直方向に張られます。根太は床の構造の一部で，1階の場合は床板のすぐ下にあり，通常 4.5×4.5 cm の寸法の部材で，床の荷重を大引に伝える役目を担っています。すなわち，床下に断熱材を入れる際は，床板に接する根太の位置に入れて冷気を遮断する必要があります。これが根太より下の大引きの位置に入ってしまうと，床板との間に隙間が生じてしまい，断熱効果が薄れてしまいます。

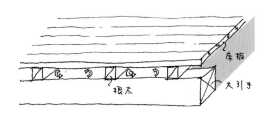

2：神戸地裁明石支部平成9年10月20日判決（平成7年（ワ）2号）

　原告が，施工者である被告の建築した建物に瑕疵があることを理由に，請負契約の瑕疵修補に代わる損害賠償請求権ないし債務不履行に基づく損害賠償請求権を主張した事案です。

　根太の位置に入れられるべき床下断熱材が大引きの位置に入れられており，床板との間に 10 cm の隙間が生じるなど，断熱効果が欠けている点などを瑕疵として主張しました。

　裁判所は，十分な断熱効果が期待できないことを認め，原告が主張した点は瑕疵にあたると判断しました。

3：瑕疵の該当性

　請負契約の瑕疵担保責任における「瑕疵」とは，一般的には，その種類の物として通常有するべき品質・性能を欠いている状態をいいます。

　上記の1で述べた断熱材の効用に鑑みると，断熱材を大引きの位置に入れたことにより，断熱空間が確保できているか否かが重要となると考えられます。

　大引き部分の断熱材と床板が実質的につながっており，断熱空間が確保できていれば問題はないのですが，両者の隙間が大きく，断熱効果に影響が出てしまっている場合には，断熱材の瑕疵として認定されてしまう可能性が高いといえます。

　なお，上記2で挙げた裁判例は，2階がない部分の1階の天井裏にも断熱材が必要であるのに，それが存在しなかった点や，外壁の一部に断熱材が存在しなかった点，便所や押入れ，廊下部分の天井裏には断熱材が存在しないか，隙間が非常に多かったため，住宅金融公庫仕様に合致していない点などで問題がありました。

　単純に断熱材が大引きの位置に入れていたというだけで，瑕疵が認定されたわけではないことに注意が必要です。例えば，大引きの位置に断熱材が入れられていたとしても，前述したように床下との隙間が少なく断熱効果が維持できているのであれば，他の施工部分の問題点との兼ね合いなどもありますが，瑕疵該当性が否定される可能性も十分あり得ます。

4：まとめ

　以上より，床下に断熱材を施工する際には，隙間が生じないような施工方法をとることが肝要となります。

　後にトラブルとなると，瑕疵修補や損害賠償などの対応をしなければならないので，十分留意すべきでしょう。

コラム———⑬ 断熱材の隙間が生むトラブル

　断熱材に隙間が生じると，断熱性能の低下以外にも，結露の発生，結露によるカビの発生，カビを餌とするダニの発生を招き，さらにカビやダニの死骸によるぜんそくなどの病気・アレルギーの原因ともなり得ます。このような事態に至ると，施工者としては，施主に対して契約責任だけでなく，不法行為責任まで成立しかねません。

　他にも，熱が逃げるため光熱費が上昇したり，建物の寿命も短くなったりと，数々の問題点があり，トラブルの原因となり得ます。

　このようなことを踏まえると，断熱材施工の際には慎重に隙間をつくらないように心がけるべきでしょう。

08 | 所期の断熱効果が得られない断熱塗料の施工

トラブルの内容

暖房時に建物内部の保温を確保するという断熱効果（以下，「本件断熱効果」といいます。）を得ることを希望していた施主に対して，施工者が特定の断熱塗料（以下，「本件断熱塗料」といいます。）を外壁部分に塗布すれば，本件断熱効果を得ることができると説明しました。この説明を信頼した施主が，この施工者に対して，本件断熱塗料の塗布工事を発注し，同施工者によって同塗布工事が実施されたものの，結果として，まったく本件断熱効果を得られなかったため，施主が施工者に対して，損害賠償請求を行いました。

施主の希望
本件断熱効果を達成したい

施工者の提案
本件断熱塗料を外壁に塗布すれば達成できる

本件断熱塗料を外壁に塗布した結果
本件断熱効果がまったく達成できない

トラブルの原因

本件断熱材を外壁部分に施工することによって，本件断熱効果が得られるわけではないにもかかわらず，施工者がこれを認識せずに本件断熱塗料を外壁部分に施工することを提案したことが問題発生原因となりました。

ポイント解説

　本件では，本件断熱効果が達成されることが請負契約の内容となりますので，結果として本件断熱効果がまったく達成されていない以上，施工者は施主に対して，瑕疵担保責任を負うこととなります。
　施工者としては，自社が扱う材料・工法について理解を深め，施主に対して正確な説明・提案ができるようにすべきですし，少しでも施主の希望を満たさない結果となる可能性があるのであれば，そのリスク説明を十分に行わなければなりません。

［法的観点からの検討］

1：本件断熱塗料塗布工事の瑕疵該当性

　本件のように，施主が本件断熱効果の達成を目的として施工者に対して本件断熱塗料の塗布工事を依頼し，施工者もこれを認識して同工事を請け負っている以上，本件断熱効果が達成されることが請負契約の内容となります。そのため，本件断熱塗料の塗布工事の結果，本件断熱効果がまったく達成されない状態は，上記請負契約の内容に反することは明らかであり，本件断熱塗料の塗布工事には，契約違反の瑕疵が存することとなります。
　したがって，本件の施工者は，施主に対し，瑕疵担保責任に基づき，本件断熱効果が達成できるような補修を実施する義務，またはそのような補修に代わる損害賠償義務を負うこととなります（民法634条1項および2項）。

2：自らが提案する工事の使用材料・工法等を認識することの重要性

　本件では，本件断熱効果を達成したいという施主の要望を受けた施工者が，本件断熱塗料を外壁に施工するという工法を施主に提案したにもかかわらず，実際には，その工法がまったく本件断熱効果を得られるものではなかったことに問題の所在があります。
　上記のとおり，施工者が施主の要望を理解・了解して，同要望を達成するために使用材料・工法などの提案をする以上，その施主要望が契約内容を構成し，結果として，その要望が達成されなければ，契約違反の瑕疵が認められる可能性が高いといえます。そして，請負契約に基づく瑕疵担保責任は無過失責任と解されていますので，仮に施工者が自ら提案した材料・工法に効果がないことを認識しておらず，かつ認識していないことにやむを得ない事由があると評価

される場合であっても，当該瑕疵担保責任を免れることはできないという結論になると考えられます（コラム⑭で紹介する本件類似事案を扱った裁判例は，不法行為責任の有無を争点とするものではありますが，施工者は自らが使用する断熱塗料の断熱性能と施工方法を認識し，又は認識しているべきであったとして，これを認識せずに断熱効果が得られない断熱塗料を使用して塗布工事を実施したことに「過失」を認めていることが参考となります。）。

　施工者としては，上記のようなリスクがあることを念頭に，自らが扱う材料・工法について理解を深め，施主に対して正確な説明・提案ができるよう心がけるべきです。そして，提案する材料・工法などについて，施主の要望を充足しない結果となる可能性が存する場合には，契約時に施主に対してその旨の十分な説明を行うことは必須です。よりリスク対策を強化するのであれば，施主の希望する効果を得られない可能性がある旨の特約条項を請負契約書に盛り込むことも検討する必要があります。

コラム⑭　東京地裁平成23年5月30日判決（平成21年（ワ）42626号）

【事案概要】

　新築建物建築工事の設計監理を受託した原告が，暖房時に建物内部の保温に資する断熱効果を得るという施主の要望を充足する目的で，建物のコンクリート外壁に外断熱材として，被告が販売する断熱塗料を塗布する工法を採用したところ，十分な断熱効果が得られませんでした。そのため，原告は施主に対して上記断熱効果が得られなかったことに対する和解金を支払うこととなりました。

　本件は，原告が被告に対し，被告の不法行為（民法709条）ないし被告従業員の不法行為を前提とする使用者責任（民法715条）に基づき，上記和解金や断熱性能試験費用の損害賠償を請求した事案です。

　原告が依頼した専門機関による断熱性能試験によれば，この断熱塗料を塗布した硬質ポリ塩化ビニル板の熱抵抗は，スタイロフォームの厚さ1.84mmに相当する効果しかなかったようであり（比較として，東京地区で望ましい断熱効果を確保するためのスタイロフォームの厚さは40mm程度であるとの認定もされています。），少なくとも，この断熱塗料を外壁のみに塗布しただけでは，十分な断熱性能が確保されないことが前提となっています（他方，この断熱塗料を外壁だけでなく，内壁にも塗布すれば，施主が求める断熱性能を確保できた可能性があることにも言及されています。）。

【判示】
　上記事案について，平成 23 年 5 月 30 日東京地裁判決は，以下のとおり判示して被告従業員の不法行為を認め，被告は使用者責任に基づいて，原告に発生した上記和解金・断熱性能試験費用の損害賠償義務を負うと判断しました。

① 「本件塗料の断熱性能については，建物の外壁に塗布することにより，太陽光等による熱を遮断し，建物内部の温度を外気温に比較して低く保つ効果があることは争いがないが，建物の内壁に塗布することにより十分な本件断熱効果が得られるか否かは，本件塗料の断熱性能の試験結果からみても，必ずしも明らかでない。」

② 「X（注：被告従業員）は，建物の外壁にのみ本件塗料を塗布したのであるから，建物の内壁に塗布しても十分断熱効果が得られない場合はもとより，建物の内壁に塗布すれば十分な本件断熱効果が得られる場合であっても，本件塗布工事によっては，十分な本件断熱効果を得ることができないものであったこととなる。」

③ 「そして X は，本件塗料を販売していたのであるから，上記のような本件塗料の断熱性能と所期の断熱効果を得るための施工方法を認識しており，又は認識しているべきであったということができる。」

④ 「以上によれば，……X には，本件塗布工事によって十分な本件断熱効果が得られなかったことについて過失があるというべきであり，原告に対し，これにより生じた損害を賠償する責任があるということができる。」

09 | 監理者の指示がないことによる断熱材未施工

トラブルの内容

施主が施工者に店舗内装工事を発注し，施工者は当該工事を完成させましたが，店舗の一室であるウォークインヒュミドール（シガー・セラー，葉巻の保管庫）の天井に断熱材が施工されていませんでした。

ウォークインヒュミドールの天井部分には，当初は断熱複合板（スタイロスフォームとプラスターボードを貼り合わせたもの）で施工することが予定されていましたが，施工者において，代わりにグラスウールを施工することとし，この旨を監理者は承諾していました。

その後，グラスウールを施工すると空調機の吹出しの問題や照明器具の放熱による火災のおそれがあることが判明し，施工者はその旨を監理者に指摘しましたが，監理者は，その後，具体的な解決策を指示することがありませんでした。

トラブルの原因

当初の予定から変更されたグラスウールでは，施工後の状態に不具合があることが判明したものの，監理者において具体的な解決策が指示されないまま，工事は進めざるを得ず，結果として何らの断熱材は施工されませんでした。

ポイント解説

　ある瑕疵が建物に存在したとしても，その瑕疵の発生原因が施工者の施工不備にあるとは限らず，たとえば設計者が作成した設計図書に問題があったり，監理者の指示などに問題があったりする場合も考えられます。
　このような場合，施工者は，設計図書ないし監理者の指示どおりの施工を行っていれば，瑕疵担保責任を免れることが通常です。ただし，一定の場合には，設計図書ないし監理者の指示どおりの施工を行っていたとしても，瑕疵担保責任を負う場合があるので，注意が必要です。

［法的観点からの検討］

1：断熱材の変更

　本件では，当初は断熱複合板で施工することが予定されていましたが，施工者においてグラスウールを施工することにしたという経緯があります。そこで，断熱材の種類を変更することが，瑕疵に当たらないかという点について最初に説明します。
　この点について，断熱材の種類については，工事請負契約書添付の見積書や建築確認申請書添付の図面などに記載があるものと考えられます。これらの記載と異なる断熱材を施工者の判断で変更した場合，契約内容と異なる施工であるとして瑕疵に当たると判断される場合があると考えられます。
　施工者において，何らかの理由で断熱材を変更せざるを得ない場合，施主や監理者にこの旨を説明・報告し，変更することについて承諾を得ることが必要です。特に，施主との間で承諾を得る場合には，この旨の追加変更契約書などを取り交わし，請負代金についても変更がある場合には，合わせて記載した方が後のトラブルを避けることにつながります。
　本件では，監理者においてグラスウールに変更する旨を承諾していることから，当初予定されていた断熱複合板が施工されていないことが瑕疵には当たらないとの前提で検討を進めます。

2：設計者・監理者がいる場合の施工者の瑕疵担保責任

　施工者は，施主から依頼された工事を行う法的責任を負っていますが，施工者が，別の設計者の設計や監理者の指示どおりの工事を請け負った場合，これらの指示や設計に反した工事を行えば，施工者は瑕疵担保責任を負うことにな

り，一方で，これらの指示や設計どおりの工事を行えば，仮にその結果として瑕疵が存在すると評価される場合であっても，瑕疵担保責任を負わないというのが通常となります。

　この結論には一定の例外があり，例えば，設計と施工者との関係において，以下のような裁判例があります。

①【神戸地裁平成15年2月25日判決（平成10年（ワ）981号）抜粋】
　建設業法26条によれば，同法3条に基づき一般建設業の許可を得ている建設業者が建築工事を請け負う場合に設置することを義務付けられる主任技術者は，技術上の管理及び建設工事の施工に従事する者の技術上の指導監督の職務を誠実に行わなければならないとされているところ（同法26条の3），上記義務は，完成建物の技術的水準を確保し，もって安全性が確保された建築物を建築するために課せられた義務であるというべきであるから，仮に設計図書どおりに建築した場合に当該建物が法令上要求される基準を満たさない違法建築物となり安全性を欠くことが明らかである場合には，主任技術者は，当該建物の安全性を確保するために設計者ないし監理者に対して建築確認申請の内容を確認したり，場合によっては設計の変更を求める義務を負うというべきであり，これを行わずに漫然と建築工事を行った結果，完成建物に瑕疵が生じた場合には，仮に設計図書どおりに建築工事を行ったとしても瑕疵担保責任を免れることはできないと解すべきである。

②【東京地裁平成20年5月29日判決（平成17年（ワ）5333号）抜粋】
　設計図書は，注文者の注文内容を請負人に伝達するために専門技術を用いて作成されるものであるから，設計図書に注文者の意図が反映されていないことが客観的に明らかである場合にまで設計図書に記載されたとおりの合意が成立したということはできず，請負契約の瑕疵担保責任における瑕疵の本質を注文者と請負人の合意に違反することと捉えたとしても，設計図書に記載されたとおりの施工をしたからといって，瑕疵担保責任の問題を論ずる余地がないということはできない。

　これらの裁判例によれば，①仮に設計図書どおりに建築した場合に当該建物が法令上要求される基準を満たさない違法建築物となり，安全性を欠くことが明らかである場合や，②設計図書に施主の意図が反映されていないことが客観的に明らかである場合には，施工者は，設計図書どおりの建築をした場合であっても瑕疵担保責任を免れることはできず，この点は監理者の指示についても同様と考えられます。

3：本事例の検討

　本事例と同様の事実関係が問題となった東京地裁平成 21 年 11 月 13 日判決（平成 19 年（ワ）22544 号）は，「ウォークインヒュミドールの天井部分につき断熱材が施工されていないのは，監理者であるＤから具体的な解決策が示されなかったことによるものであるというべきであり，これを施工瑕疵，すなわち原告による本体工事の目的物の瑕疵に当たるということはできないとするのが相当である。」と判断し，断熱材の未施工が監理者からの指示がなかったことを理由として，施工者の瑕疵担保責任を否定しています。

　したがって，本件においても，施工者の瑕疵担保責任は否定されることになると考えられます。

10 | 5年以上前に建築した建物の断熱材未施工

トラブルの内容

　建物の建築請負工事において，契約書に添付された標準仕様書に，「壁及び天井は全て断熱材を入れるものとする。」との表記があったにもかかわらず，壁や床などのうち外気に接する部分において，断熱材が施工されていない箇所があり，クレームを受けました。すでに同建物については，建物完成後，引渡時より5年以上経過しており，契約書には「瑕疵担保責任の存続期間は……本物件引渡時から2年とする。」との条項がありました。

契約書：
「壁および天井はすべて断熱材を入れるものとする」

▼しかし……

実際には、
外気に接する部分について未施工箇所あり

引渡後5年経過した時点でクレームを試みるが……

契約書：
「瑕疵担保責任の存続期間は本物件引渡時から2年とする」

ポイント解説

　契約上，断熱材を施工することが定められていたにもかかわらず，断熱材の未施工部分があった場合において，このことにより施工者が契約上の瑕疵担保責任を負うかが問題となります。
　一方で，断熱材の未施工が契約上の瑕疵と認定されたとしても，建物の施工者が瑕疵担保責任を負う期間は，木造建物の場合法律上は引渡後5年間のみで（民法638条第1項。特約による短縮も可能），5年以上前に建築した建物については，施主が瑕疵担保責任を追及した時点ですでに期間制限を過ぎていた，という主張が可能となります。

しかし，後に紹介する最高裁平成19年7月6日判決（民集61巻5号1,769頁）は，「建物の基本的安全性を損なう瑕疵」があった場合は，施工者に対して不法行為責任が成立すると判示しています。契約上の瑕疵担保責任とは別に不法行為責任が成立する場合，施工者は最長20年間にわたって損害賠償責任を負担しなければなりません（民法724条後段）。そこで，このような主張がなされた場合に，施工者がとるべき対応についても問題となります。

［法的観点からの検討］

1：断熱材が施工されていなかった場合の瑕疵担保責任

当事者間の契約により，断熱材を施工し，住宅の壁や天井などに入れることが合意内容とされているにもかかわらず，建物に断熱材の未施工箇所があることは，当事者間で合意された仕様を満たしておらず，本件建物について瑕疵が生じていると判断される可能性があります。

2：瑕疵担保責任存続期間の経過について

もっとも，瑕疵担保責任の存続期間については，約款などで1年もしくは2年程度に期間が短縮されている場合が少なくありません。

つまり，施主が断熱材の未施工に気づき，施工者に対して責任を追及する場合には，すでに施工者の瑕疵担保責任は上記期間制限により消滅していた，というケースがあり得ます。

この期間は建物引渡時から，施主が瑕疵の状態に気づいたか否かにかかわらず進行していくので，なおさらです。

そこで，契約上の責任追及ができなくとも，断熱材の未施工が施工会社の不法行為に該当するとして，責任追及を行うことが考えられます。不法行為責任を負うのであれば，最長20年間の責任追及が可能だからです（もっとも，「損害及び加害者を知った時から3年間」経過していれば，不法行為責任も時効により消滅します）。

3：断熱材の未施工による不法行為責任の成否

ここで，建物の設計者や施工者等が，契約関係にない第三者に対しても不法行為責任を負う場合があると判示した，最高裁平成19年7月6日判決が参考になります。同判例は，「建築された建物に建物としての基本的な安全性を損

なう瑕疵があり，それにより居住者の生命，身体又は財産が侵害された場合」には，設計・施工者等はこれによって生じた損害について不法行為責任を負うとしました。

これによると，本件のような断熱材の未施工のケースでも，「建物としての基本的な安全性を損なう瑕疵」と認められれば，契約上の瑕疵担保責任期間が経過していても，不法行為に基づき施工者に対する責任追及が可能となります。

しかし，断熱材は，建物のエネルギー効率および居住性能を高めるためのものであり，断熱材の未施工箇所が存在することによって，居住者などの生命，身体および財産が侵害されるとは基本的にはいえないでしょう。

4：まとめ

以上から，断熱材の未施工問題について，施主側が不法行為該当性を主張していくのは基本的に難しいといえます。そこで，施工者としては，断熱材の未施工問題についてのクレームが施主からなされた場合，まずは契約上定められた瑕疵担保責任期間の経過の有無をチェックし，これが経過していればすでに責任は消滅している旨，主張するのが有効であるといえます。

コラム──⑮ 断熱材の施工不良により結露が生じた場合

本文に記載したとおり，単に断熱材が未施工であったというだけで，施工会社に不法行為責任が成立するというのは考え難いといえます。

しかし，仮に断熱材の施工不良により結露が生じ，これにより柱などが腐食するなどの状況に至っていれば，そのことを以って「居住者の……身体又は財産が侵害された」として，施工者が不法行為責任を負うという主張が施主からなされることが考えられます。

建物リフォーム工事に関し，施主である原告が施工者たる被告に対して瑕疵担保責任および不法行為責任を追及した事案として，東京地裁平成25年11月29日判決（平成22年（ワ）41227号）があります。同裁判例において，原告は，断熱材の未施工の瑕疵について，断熱材の未施工が原因で結露やカビが発生して，居住者の財産や健康を損なう危険があるから，建物の基本的安全性を損なう瑕疵に該当する旨の主張をしました。

結論的には，建物引渡から5年以上経過しているにもかかわらず，現に結露やカビによる身体的または財産的損害が発生していないことを理由に，将来的に身体的または財産的被害が発生する危険性があるとは認められないとしました。

　もっとも，仮に現に結露やカビが発生した場合には，不法行為責任を肯定する余地があると見ることも可能であり，施主から施工会社に不法行為責任を追及する場合，断熱材の未施工のみでなく，このような主張が併せてなされる可能性はあるといってよいでしょう。

　施工会社としては，現に結露などの被害が発生していなければ，その旨を指摘したうえで，将来的に結露やカビにより身体的または財産的被害が発生する危険性がないと主張するか，仮に結露などが発生していても，その原因は断熱材の未施工に基づくものではないことを主張していくことが考えられます。

引用条文：
民法
（請負人の担保責任の存続期間）
第六百三十八条
一　建物その他の土地の工作物の請負人は，その工作物又は地盤の瑕疵について，引渡しの後五年間その担保の責任を負う。ただし，この期間は，石造，土造，れんが造，コンクリート造，金属造その他これらに類する構造の工作物については，十年とする。
（不法行為責任による損害賠償請求権の期間の制限）
第七百二十四条　不法行為による損害賠償の請求権は，被害者又はその法定代理人が損害及び加害者を知った時から三年間行使しないときは，時効によって消滅する。不法行為の時から二十年を経過したときも，同様とする。

第3章
ゼロ・エネルギー住宅の広告・契約において気をつけたいこと

ゼロ・エネルギー住宅に関するトラブルとしては，大別，次のようなものが挙げられます。

1
ゼロ・エネルギー住宅の契約トラブル

2
ゼロ・エネルギー等の説明

3
補助金等に関するトラブル

1 について

近年，ゼロ・エネルギー住宅を謳って契約をする例が増加しています。
ここでは，「ゼロ・エネルギー住宅」において想定される契約トラブル・注意点を説明します。

2 について

ゼロ・エネルギー住宅を建築する場合，施工者は，施主に対して，どんな事項をどれだけ説明する必要があるでしょうか。ゼロ・エネルギー住宅にする場合の省エネ性能，太陽光発電・自家発電によるコストダウンなどについて，必要とされる説明を具体的な裁判例も踏まえて説明します。

3 について

ゼロ・エネルギー住宅の場合，政府からの補助金などの給付を受けることがありますので，その点について，特有のトラブルが生じるおそれがあります。ここでは，これらのトラブルの回避策・対応策について，具体的な裁判例も踏まえて，説明します。

ゼロ・エネルギー住宅の契約トラブル

01 |「ZEH」を広告として謳った場合のトラブル

トラブルの内容

「ZEHで契約します」と広告で謳っていましたが，実際に施工した住宅は厳密にエネルギー削減率を計算してみると，年間のエネルギー消費量がゼロとはならないことが判明しました。

トラブルの原因

近年では，「ZEH」(Net Zero Energy House)の定義が明確化し，「ZEH」においては年間の一次エネルギー消費量の収支がゼロまたはマイナスであることが前提となるにもかかわらず，年間の一次エネルギー消費量がゼロに近いのであれば，「ZEH」といえると誤解し，厳密な意味で「ZEH」にあてはまらない住宅を「ZEH」として売り出してしまったからです。

ポイント解説

「ZEH」を謳った広告を前提に，契約を締結した場合，施工した住宅が「ZEH」にあたらないときは，その施工は瑕疵と評価されるおそれがあります。

これまでは，「ZEH」の定義が不明確であったため，平成 27 年 12 月に経済産業省資源エネルギー庁省エネルギー対策課から公表された「ZEH ロードマップ検討委員会とりまとめ」などで「ZEH」の定義・要件が明確化されました。それらの定義・要件に該当しないにもかかわらず「ZEH」を謳って契約を締結すると瑕疵と評価され，損害賠償請求などを受けるおそれがありますので，注意が必要です。

［法的観点からの検討］

1：「ZEH」の概要

「ZEH」とは Net Zero Energy House の頭文字を取った略称であり，一般的には，断熱性や省エネ性能を上げること，および太陽光発電などでエネルギーを創ることにより，年間の一次エネルギー消費量をゼロまたはマイナスとする住宅のことです。

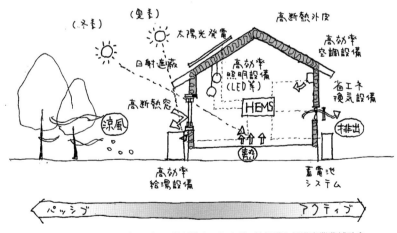

［出典］平成 26 年度補正　住宅・ビルの革新的省エネルギー技術導入促進事業費補助金

近年，東日本大震災における電力需給の逼迫や国際情勢の変化によるエネルギー価格の不安定化などを受けて，住宅エネルギー自立の必要性が強く認識されています。そのような背景の中，これまでの省エネに加えて「創エネ」を導入し，自宅で消費するエネルギー量より自宅で創るエネルギー量が多い（または同等の）住宅（ZEH）に注目が集まってきています。これらを受けて，政府もエネルギー基本計画（平成26年4月閣議決定）において「住宅については，2020年までに標準的な新築住宅で，2030年までに新築住宅の平均でZEH（ネット・ゼロ・エネルギー・ハウス）の実現を目指す」ことを政策目標としています。

　近年，「ZEH」は住宅業界において，非常に重要なキーワードとなってきています。

2：ZEHとNearlyZEH

　「ZEH」は，より正確には「外皮の高断熱化及び高効率な省エネルギー設備を備え，再生可能エネルギーにより年間の一次エネルギー消費量がゼロまたはマイナスの住宅」（ZEHロードマップ検討委員会とりまとめ）と定義されています。

　また，「ZEH」に近い性能を備えた住宅として「NearlyZEH」という用語も存在します。「NearlyZEH」とは，「ZEHを見据えた先進住宅として，外皮の高断熱化及び高効率な省エネルギー設備を備え，再生可能エネルギーにより年間の一次エネルギー消費量をゼロに近づけた住宅」と定義されています（ZEHロードマップ検討委員会とりまとめ）。

　「ZEH」と「NearlyZEH」の違いは，消費エネルギーの違いにあります。具体的には，消費エネルギーがゼロ以下の場合には「ZEH」に該当し，消費エネルギーがゼロに近い場合には「NearlyZEH」に該当することになります。

　また，「ZEH」と「NearlyZEH」には，以下のような要件も設けられています。

『ZEH』
①〜④のすべてに適合した住宅
①強化外皮基準（1〜8地域の平成25年省エネルギー基準（η_A値，気密・防露性能の確保等の留意事項）を満たしたうえで，U_A値* 1，2地域：0.4［W/m²K］相当以下，3地域：0.5［W/m²K］相当以下，4〜7地域：0.6［W/m²K］相当以下）
②再生可能エネルギーを除き，基準一次エネルギー消費量から20％以上の一次エネルギー消費量削減

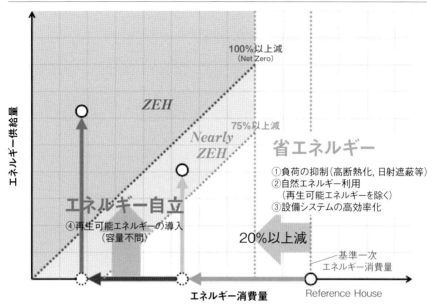

[出典] ZEH ロードマップ検討委員会とりまとめ

③再生可能エネルギーを導入（容量不問）
④再生可能エネルギーを加えて，基準一次エネルギー消費量から100％以上の一次エネルギー消費量削減

『NearlyZEH』
①〜④のすべてに適合した住宅
①強化外皮基準（1〜8地域の平成25年省エネルギー基準（η_A値，気密・防露性能の確保等の留意事項）を満たしたうえで，U_A値 1, 2地域：0.4 [W/m²K] 相当以下，3地域：0.5 [W/m²K] 相当以下，4〜7地域：0.6 [W/m²K] 相当以下）
②再生可能エネルギーを除き，基準一次エネルギー消費量から20％以上の一次エネルギー消費量削減
③再生可能エネルギーを導入（容量不問）
④再生可能エネルギーを加えて，基準一次エネルギー消費量から75％以上100％未満の一次エネルギー消費量削減
(ZEH ロードマップ検討委員会とりまとめ)
＊1　U_A値とは「建物内外温度差を1度としたときに，建物内部から外界へ逃げる単位時間あたりの熱量（換気による熱損失を除く）を，外皮等面積

の合計で除した値」を指す。

3：ZEH を広告内容とする際の注意点

　以上のように，「ZEH」の定義・要件が明確になっていることから，「ZEH」に該当する住宅を建築することが契約内容になった場合には，上記①～④の要件に該当する住宅を建築することが必要となります。

　そして，契約書に記載されていないのに，広告に記載されている事項が契約内容とされることがあります。たとえば，裁判例では，いわゆる「建築条件」が契約書には記載されていないのに，広告には記載されていたという事案において，「控訴人（土地の売主）が本件広告文言により取引を勧誘し，被控訴人（土地の買主）は本件広告文言を信じて契約締結に至ったのであるから，当然に本件広告文言（建築条件に関する文言）は契約内容となるというべきである。」との判断をしています（名古屋高裁平成15年2月5日判決（平成14年（ネ）965号））。したがって，「ZEH」を謳った広告でお客様を勧誘し，お客様が「ZEH」であることを信頼して契約を締結した場合には，その広告内容や広告方法，契約に至るまでの説明状況などによっては，「ZEH」に適合する住宅を建築することが契約内容になる可能性があります。

　このような場合において，実際に施工した住宅が上記①～④の条件に該当しない場合には，瑕疵と評価され，損害賠償義務などを負うおそれがあります。仮に，広告に「ZEH」との記載をする場合には，実際に建築される住宅が上記①～④の要件を満たしているのかについて，厳密にエネルギー削減率を計算する必要があります。

02 | コストアップによるトラブル

トラブルの内容

　ZEHの導入が始まり，施主にZEHを推奨しましたが，「ZEHを導入すれば，電気代が下がりますよ」「長い目で見れば，お得です」などと安易に説明してしまった。
　しかし，実際，運用を開始してみると，建築した建物規模ではあまり高断熱の効果が発揮されず，施主からは「説明と違う」などという苦情がきました。

トラブルの原因

　この事例では，施主の地域性・家族構成・規模などを考慮せず，コストの増減に関し，適切な調査・説明をしないままZEHを推奨・提案したことで，かえって当該施主にとっては負担が大きくなってしまいました。

ポイント解説

　ZEHは，ハイレベルな高断熱・高気密住宅であるため，必然的に一般住宅と比較して，コストがかかります。
　このコストの点を適切に説明・判断しないで，ZEHのメリットだけをピックアップしてZEHを推奨した場合，後で施主との間で「ZEHによって増えたコストが賄えていない」と指摘されトラブルを抱えてしまい，場合によっては施工者の説明義務違反などにより，ZEHによるコストの上昇を施工者が負担しなければならない可能性があります。
　ZEHを推奨する前提として，当該施主にとって，ZEHが本当に適切かという観点から，施主の地域性・家族構成・規模などを総合的に考慮し，きちんとZEHのメリット・デメリットを説明することが重要になります。

[法的観点からの検討]

1：ZEHによるコスト増

　ZEHは，一般住宅と比較してもハイレベルな高断熱・高気密住宅である点に特徴があります。その分，建築にかかるコストも高くなる傾向にあります。自家発電などにより，このコストを回収できればよいのですが，場合によってはこのコスト増を回収できない場合も存在することは想像に難くありません。そのため，本当に当該施主にZEHが適合しているのか，その効果とコストを提案前に一度確認しておく必要があります。

2：施工者の説明義務

　一般に，専門業者である建築会社・施工者と，消費者との間には，情報格差が存在していることから，専門業者は消費者に対し，専門業者の責任として，説明義務を課される場合があります。この説明義務は，消費者契約法，特定商取引法において明文化されています。また，法律上，説明義務が明文化されていない場合であっても，民法の信義則に則り，専門家責任としての説明義務が認められる場合があります。
　この点，何をどの程度説明すべきかという点については，事案によってまちまちであり，一義的には確定することはできません。しかし，意思決定に重要な影響を及ぼす事項については，説明義務が認められる傾向が非常に高いということができます。

説明義務を果たすべきタイミングについても，時宜に応じて，適切な時期に適切な説明をしなければなりません。

3：ZEHに関するトラブルの可能性

ZEHのメリットは，上手く機能すれば，年間の一次エネルギーの消費量をゼロ以下に抑えることができるという点にあります。その反面，建築にかかるコストも上がってしまうというデメリットも抱えてしまうことになります。

施工者がこのメリットだけをピックアップして，ZEHを推奨・提案し，実際に建築が行われたものの，実際運用してみると，施主の想定よりも低い回収率にとどまってしまった場合，トラブルを抱えることが予想されます。ZEHの導入に関し，どの程度のエネルギー消費量・供給量が見込めるかという点は，一般的に意思決定に重要な影響を及ぼすものといえます。

施工者が施主にZEHのメリット・デメリット，ならびに回収可能性を説明しなかった場合，説明義務違反があるとして，ZEHにするための損害賠償を負担せざるを得なくなる可能性もあります。

4：ZEH導入に関する事前の検討

このようなトラブルの回避のためには，個別具体的な施主の地域性・家族構成・規模などを総合的に考慮し，きちんとZEHのメリット・デメリットを説明することが重要になります。他にも，近隣のマンション建設などによる住環境の変化により，エネルギー生産量に変化が生じる可能性もあることからすれば，提案時の試算は現時点での試算であり，今後の事情の変更によっては，エネルギー生産量が変わりうることについても適切に説明しておく必要があります。なお，消費者契約法においても，断定的（「絶対お得です」などの情報提供は違法となる可能性もあります。

また，これらを説明したことを残しておくためには，契約書などの書面において，説明したことの証拠を残しておく必要があります。加えて，ZEHの導入をするのか否かが決定した場合には，その建物がZEH仕様であるのか，ZEH仕様ではないのかについても，契約書に適切に明示しておくことが必要です（契約書上はZEH仕様はいらないといわれていたのに，その後，「契約内容はZEHだった」と主張される案件も容易に想定できます）。

5：施主がZEHを希望しているが，ZEHのメリットがない場合

以上では，施工者がZEHを提案する場面を取り上げましたが，実務上では，施主側からZEHを希望されることも少なくないと想定されます。施工者にお

いて，ZEH 導入のメリット・デメリットを検討した結果，ZEH の導入が望ましいとはいえない場合，施工者は「ZEH の導入が望ましいものではない」という点についてまで説明義務を負うのでしょうか。

この点，説明義務が情報格差などから発生した専門家の責任であることを踏まえれば，説明義務の有無・内容は，施主の ZEH 導入の希望に関し，施主自らがどこまで具体的に検討を行っているのかという点も踏まえて判断されることになります。通常の実務を想定すると，施主がどこまで慎重に検討しているのかなどについては，施工者にもわからないのが通常であり，また，施工者においても ZEH の導入を制止しなかったことで一緒に ZEH の導入を進めていたとみられてしまうこともあり得ることからすれば，説明義務違反が認められてしまう可能性は考えられるところです。施主において ZEH の導入を希望している場合にも，施工者は ZEH の導入の是非について判断し，改めて説明をしておくべきと考えます。

引用条文：
・消費者契約法 4 条
1 項　消費者は，事業者が消費者契約の締結について勧誘をするに際し，当該消費者に対して次の各号に掲げる行為をしたことにより当該各号に定める誤認をし，それによって当該消費者契約の申込み又はその承諾の意思表示をしたときは，これを取り消すことができる。
一　重要事項について事実と異なることを告げること。
　　当該告げられた内容が事実であるとの誤認
二　物品，権利，役務その他の当該消費者契約の目的となるものに関し，将来におけるその価額，将来において当該消費者が受け取るべき金額その他の将来における変動が不確実な事項につき断定的判断を提供すること。
　　当該提供された断定的判断の内容が確実であるとの誤認
2 項　消費者は，事業者が消費者契約の締結について勧誘をするに際し，当該消費者に対してある重要事項又は当該重要事項に関連する事項について当該消費者の利益となる旨を告げ，かつ，当該重要事項について当該消費者の不利益となる事実（当該告知により当該事実が存在しないと消費者が通常考えるべきものに限る。）を故意に告げなかったことにより，当該事実が存在しないとの誤認をし，それによって当該消費者契約の申込み又はその承諾の意思表示をしたときは，これを取り消すことができる。ただし，当該事業者が当該消費者に対し当該事実を告げようとしたにもかかわらず，当該消費者がこれを拒んだときは，この限りでない。

・特定商取引法 9 条の 2 第 1 項
　申込者等は，次に掲げる契約に該当する売買契約若しくは役務提供契約の申込みの撤回又は売買契約若しくは役務提供契約の解除（以下この条において「申込みの撤回等」という。）を行うことができる。ただし，申込者等に当該契約の締結を必要とする特別の事情があつた

ときは，この限りでない。
一　略
二　当該販売業者又は役務提供事業者が，当該売買契約若しくは役務提供契約に基づく債務を履行することにより申込者等にとつて当該売買契約に係る商品若しくは指定権利と同種の商品若しくは指定権利の分量がその日常生活において通常必要とされる分量を著しく超えることとなること若しくは当該役務提供契約に係る役務と同種の役務の提供を受ける回数若しくは期間若しくはその分量がその日常生活において通常必要とされる回数，期間若しくは分量を著しく超えることとなることを知り，又は申込者等にとつて当該売買契約に係る商品若しくは指定権利と同種の商品若しくは指定権利の分量がその日常生活において通常必要とされる分量を既に著しく超えていること若しくは当該役務提供契約に係る役務と同種の役務の提供を受ける回数若しくは期間若しくはその分量がその日常生活において通常必要とされる回数，期間若しくは分量を既に著しく超えていることを知りながら，申込みを受け，又は締結した売買契約又は役務提供契約

2 ゼロ・エネルギー等の説明

01｜断熱性能を強調する意味での「ゼロ・エネルギー」

トラブルの内容

　断熱性能を強調する意味で「ゼロ・エネルギー住宅」とのキャッチフレーズを記載した広告を用いて営業をしていますが，実際に施工する住宅は，断熱性能が優れているのみで，創エネ性能を備えた住宅ではありませんでした。

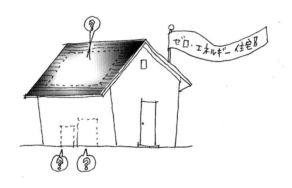

トラブルの原因

　「ゼロ・エネルギー住宅」という言葉が，一般的に広く使用されていることから，「ゼロ・エネルギー住宅」の意味を意識せず，「ゼロ・エネルギー住宅」とのキャッチフレーズを広告に使用してしまったことが，トラブルの原因と考えられます。

ポイント解説

　「ゼロ・エネルギー住宅」を謳った広告を前提に，お客様が契約を締結した場合において，施工した住宅が「ゼロ・エネルギー住宅」にあたらないときには，その施工は瑕疵と評価されるおそれがあります。

「ゼロ・エネルギー住宅」についての定義は明確ではありませんが、国土交通省の住宅のゼロ・エネルギー化推進事業、経済産業省のネット・ゼロ・エネルギー・ハウス（ZEH）支援事業の定義や補助金の支給基準から推察すると、「ゼロ・エネルギー住宅」といえるためには、①年間のエネルギー収支がゼロとなるもので、②国土交通省・経済産業省の補助金の支給基準に適合することが必要になると考えられます。
　そこで、「ゼロ・エネルギー住宅」を謳っているにもかかわらず、施工した住宅がこれらの①、②の基準に適合しない場合には、契約の不適合と判断されるおそれがありますので、注意が必要です。

［法的観点からの検討］

1：「ゼロ・エネルギー住宅」の定義

　「ゼロ・エネルギー住宅」と呼ばれるものに関しては、経済産業省の「ネット・ゼロ・エネルギー・ハウス（ZEH）支援事業」と国土交通省の「住宅のゼロ・エネルギー化推進事業」の二つがあります。
　経済産業省のZEH支援事業は、施主を対象とした補助金事業であり、補助の対象であるZEHを「外皮の高断熱化及び高効率な省エネルギー設備を備え、再生可能エネルギーにより年間の一次エネルギー消費量がゼロまたはマイナスの住宅」と定義しています。
　また、国土交通省の住宅のゼロ・エネルギー化推進事業は、中小規模の工務店を対象とした補助金事業であり、補助の対象であるゼロ・エネルギー住宅を「住宅の躯体・設備の省エネ性能の向上、再生可能エネルギーの活用などにより、年間での一次エネルギー消費量がおおむねゼロになる住宅」と定義しています。
　これらの定義からすると、ZEH支援事業、住宅のゼロ・エネルギー化推進事業、いずれの事業においても、「ゼロ・エネルギー住宅」といえるためには、年間のエネルギー収支がゼロとなることが必要になります。
　また、「ZEH支援事業」「住宅のゼロ・エネルギー化推進事業」では、明確な補助金支給基準が存在しますので、その基準に適合することも「ゼロ・エネルギー住宅」というためには必要になります。
　したがって、「ゼロ・エネルギー住宅」とは、①年間のエネルギー収支がゼロとなるものであり、②ZEH支援事業・住宅のゼロエネルギー化支援事業の補助金支給基準に適合する住宅ということになると考えられます。

ゼロ・エネルギーの意味を確認する

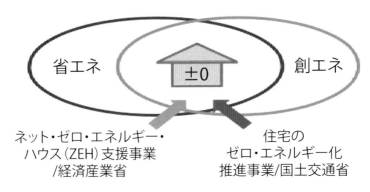

2：①エネルギー収支がゼロとなること

「ゼロ・エネルギー住宅」といえるためには，年間のエネルギー収支がゼロとなることが必要です。つまり，ゼロ・エネルギー住宅は，省エネと創エネの両方を備えたものであることが要求されます。

単に断熱性能が優れ，省エネルギーに優れているだけでは，「ゼロ・エネルギー住宅」とはいえません。なぜなら，断熱性能は省エネを実現するものであって，創エネを実現するものではないからです。

このことから，断熱性能だけが優れているにもかかわらず，「ゼロ・エネルギー住宅」を謳って契約を締結すると，瑕疵と評価されるおそれがあります。省エネと創エネの両方の性能を備え，年間のエネルギー収支がゼロとなる場合でなければ，「ゼロ・エネルギー住宅」という表現を広告に使用することは避けたいところです。

3：②補助金の支給基準に適合すること

「ゼロ・エネルギー住宅」といえるためには，②一定の断熱性能を有することなどのZEH支援事業，住宅のゼロ・エネルギー化推進事業の補助金支給基準に適合すること（または，少なくとも基準に適合する場合と同等の性能を有すること）が必要となります。

具体的な基準としては，たとえばZEH支援事業においては，断熱性能の他に，一定の「エネルギー計測装置を導入すること」や「太陽光発電システム等の再生可能エネルギーシステムを導入すること」が要求されています。施工する住宅がこれらの基準に適合しない場合には，「ゼロ・エネルギー住宅」との表現を広告に使用するのは避けた方がよいといえます。

● ZEH の補助要件について
1）ZEH ロードマップにおける「ZEH の定義」を満たしていること
①住宅の外皮性能は、地域区分ごとに定められた強化外皮基準（U_A 値）以上であること。
②設計一次エネルギー消費量は再生可能エネルギーを除き、基準一次エネルギー消費量から 20％以上削減されていること。
③太陽光発電システムなどの再生可能エネルギー・システムを導入すること。売電を行う場合は、余剰買取方式に限る＜全量買取方式は認めません＞。
④設計一次エネルギー消費量は、再生可能エネルギーを加えて、基準一次エネルギー消費量から 100％以上削減されていること。
2）申請する住宅は SII に登録された ZEH ビルダーが、設計、建築または販売を行う住宅であること
3）導入する設備は本事業の要件を満たすものであること
4）要件を満たすエネルギー計測装置を導入すること
5）既築住宅は住宅全体の断熱改修を含み、導入する設備は原則としてすべて新たに導入すること
（一般社団法人環境共創イニシアチブ（経済産業省執行団体）HP より）

4：その他の注意点

　施工する住宅が「ゼロ・エネルギー住宅」は 117 頁の①②の基準を満たし、「ゼロ・エネルギー住宅」に該当する場合でも、「ゼロ・エネルギー住宅」の意味をお客様が勘違いして、クレームが生じるケースがあります。
　その中で多いクレームには、「ゼロ・エネルギー住宅」なのに光熱費がかかったといったものが挙げられます。このようなクレームを防ぐためには、エネルギー収支と光熱費はそもそも別物であるため、エネルギー収支がゼロになるからといって、光熱費がゼロになるわけではない（たとえば、電気代を一例とすると、エネルギー収支がゼロであるとしても、「基本料金」はかかることになります。）ということを、しっかりと説明をしておくことが必要となります。

02 | 広告で断熱性能を温度で表すリスク

トラブルの内容

某社が建築する住宅では，床暖房の導入を積極的に進めています。ホームページにも，床暖房の性能をアピールし，具体的には床暖房を運転させることで，「床表面温度は25℃ないし30℃となり，部屋全体の温度も上昇」との効果が得られると広告していました。しかし，今回，施工することになった建物では，室内に吹抜部分があるなど，床暖房が効果的に性能を発揮できるような状況ではなく，実際，床表面温度は25℃に満たず，また部屋全体の温度も上昇することはありませんでした。結果，施主から床暖房の設置をしたのに，部屋全体が暖かくならないではないかとのクレームを受けてしまいました。

トラブルの原因

ホームページやパンフレットなどの広告において，会社が大々的に宣伝している住宅性能に関わる事項は，施主がその会社で家を建てることを決めるうえでの重要な判断要素となっています。そのため，施主は，会社から特段の説明がない場合，広告において宣伝されていた性能が施主の家にも反映されているものと認識してしまう可能性があります。

今回は，設計上，広告どおりの床暖房の性能を満たすことは不可能であったにもかかわらず，この点を十分に説明しなかったことがトラブルの原因といえます。

ポイント解説

　当事者の合意に沿った施工がなされなければ，その建物には「瑕疵」があることとなり，施工者は修補義務などを負うことになります。

　この「当事者の合意」がどのような内容であるかについては，契約書や設計図書などをもとに判断されることになります。施工会社が広告において示していた性能で，施主がその性能を建物に反映することを求めていた場合には，当該仕様も「当事者の合意」に含まれていたと判断される可能性があります。もし，広告に記載されていた性能が設計内容を協議するうえで，実現不可能であることが判明した場合には，施主に対して十分な説明をし，理解を求めるべきです。

[法的観点からの検討]

1：事前の打合せ

　建物を建築するにあたっては，施主と施工者との間で繰り返し打合せを実施し，仕様・性能を決定してくことになります。

　例えば，スーパーマーケットの広告で「きゅうり3本100円」と記されていた場合，そのスーパーマーケットではその野菜をその金額で販売していると考えるように，施工者の広告で「床暖房を設置すれば，床表面温度は25℃ないし30℃となり，部屋全体の温度も上昇」と記されていた場合，それを見た施主はその施工者が建築する家に床暖房を設置すれば，床暖房の床表面温度は25℃ないし30℃に保たれ，部屋全体の温度も上昇するものと考えてしまいます。

大注目！
床暖房を設置すれば、床表面温度は25℃ないし30℃となり、部屋全体の温度も上昇し、暖房いらずです。
是非、設置してみましょう!!

2：建築分野の特殊性

　しかし，スーパーマーケットでの野菜の販売とは異なり，建築分野，特に注文住宅の場合には，それぞれの建物の建築を行うにあたって，それぞれの施主の要望に沿って設計を行うことになるため，必ずしもホームページなどで広告した内容が各人の家に実現されるわけではありません。

特に，床暖房の室温に対する効果は，建物の間取り，断熱性能や気密性にも影響を受けることになります。「高気密・高断熱」の建物であれば，床暖房による床表面温度の室温に対する作用効率は相対的に高くなるものと思われますが，高気密・高断熱の建物を実現するためには，相応の知見・技術，施工精度およびコストを要します。本件のように，室内に吹抜などを設計した場合，部屋の容積が増えるわけですから，床表面温度の室温に対する作用効率は相対的に低くなることが想定されます。施主の予算や設計内容によっては，床暖房が室温に対して十分に影響しないことは当然あり得ます。

3：広告内容の当事者の合意への影響

施工者としては，施主が求める予算，設計内容に従って施工した結果，床暖房の室温に対する作用効率が低くなった場合，それは施主の要望に基づくものであるから，瑕疵には該当しないのではないかと考えるかもしれません。

しかし，施主がその施工者の広告を示し，打合せ当初，床暖房の設置により床表面温度を25℃ないし30℃に保ち，部屋全体の温度も上昇させることを希望していたにもかかわらず，その後の設計過程において当該設計内容では当該希望を実現することが難しいことを説明せず，実際には実現しなかった場合，瑕疵に該当すると判断された裁判例もあります。この裁判例では，「仮に費用その他の問題からその導入が困難であったり，被控訴人ら（施主）の求める機能ないし結果を期待できないというのであれば，その旨を明確に被控訴人ら（施主）に伝えて本件請負契約の内容としないよう対応すべきであった」（括弧内は筆者が加筆）とし，施工者から施主の要望を実現することが難しいことの説明がなかったことを理由の一つとして，施主の要望どおりの施工が行われていなかったことについて，瑕疵に該当すると判断しています（東京高裁平成26年6月25日判決（平成25年（ネ）1457号））。

4：トラブルを防ぐために

以上から，施工者としては，施主が求めている性能が予算内では実現不可能である場合には，この点を十分に説明したうえ，打合せ記録などに記しておくべきでしょう。特に，広告などで大々的に宣伝している仕様は，施主としては，自身の家にも反映されるものであると考えている可能性が高いため，十分な説明が必要になります。

本件で例示した床暖房以外にも，例えば，「当社が建てる家は，耐震等級3が標準仕様です」「当社が建てる家は，省エネ法対応住宅です」などと，広告で記載している場合には注意が必要になるでしょう。

施工者としては,広告の記載は一例であり,具体的な設計内容の要望如何によっては,広告記載事項の実現は難しくなることを説明の上,設計内容の打合せを進めるべきと考えます。

5:広告に関する規制

さて,本論とは,少し離れますが,広告に関しては,「不当景品類及び不当表示防止法」(以下,「景品表示法」といいます。)や,不動産公正取引協議会連合会が定める不動産業界における自主ルールである「不動産の表示に関する公正競争規約」(以下,「不動産公正競争規約」といいます。)による規制があります。

この法律により,例えば,実際のものより若しくは事実に相違して競争事業者に係るものよりも著しく優良であると一般消費者に示す表示(「優良誤認表示」といわれるものです)を行った場合には,行政庁による措置命令の対象となります。本件に照らしていえば,たとえば,とある床暖房を設置したとしても,「床表面温度を25℃ないし30℃に保ち,部屋全体の温度も上昇させること」はどのようにしても実現できないにもかかわらず,その床暖房があたかもそのような性能を有しているかのごとく,広告において表示する場合です。

簡単にいえば,客観的な資料をもって実証することができない内容の記載を行っている場合,優良誤認表示に該当する可能性があります。

この観点からも,皆様の広告を見直してみてもよいかもしれません。

コラム———⑯ **不動産公正競争規約と景品表示法との関係**

本文で触れたように,不動産公正競争規約は,不動産業界における自主ルールです。では,違反しても行政処分がくだされることはないかといったら,そうではありません。

不動産公正競争規約は,業界において自主的に設定しているルールではありますが,景品表示法に基づき,内閣総理大臣(消費者庁長官に権限を委任)および公正取引委員会の認定を受けて定められているものです。

厳密にいえば,規約に参加していない事業者には適用されませんが,事業者の行為が景品表示法に違反するか否かを判断するにあたって,公正競争規約の内容も考慮されることになります。

したがって,広告を行うにあたっては,不動産公正競争規約もチェックしておくべき規定となります。

03 | 光熱費のシミュレーション広告

トラブルの内容

広告に,『一般的な住宅の年間光熱費:「○○○,○○○円」,X社の住宅の年間光熱費:「△△△,△△△円」,断熱性能により,年間光熱費がおよそ×万円お得!』との記載をしましたが,一般的な住宅の光熱費はガス・電気の併用仕様を前提にして試算しているものの,X社の住宅の光熱費は,オール電化仕様を前提に試算したものでした。

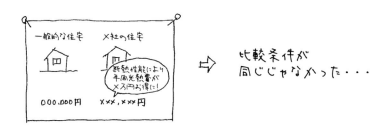

トラブルの原因

断熱性能による光熱費の削減をアピールするため,光熱費のシミュレーションを広告に記載しましたが,その比較条件が同一ではありませんでした。

ポイント解説

　不当景品類および不当表示防止法（景表法）では、いわゆる「優良誤認」による不当な表示を禁止しています（景表法第4条1項1号）。そのため、比較の条件が異なるにもかかわらず、X社の住宅の断熱性能のみで、光熱費が×万円安くなると消費者が受け取るおそれのある記載が広告に表現されている場合、「優良誤認」による不当表示と評価され、措置命令などを受けるおそれがありますので、注意が必要です。

［法的観点からの検討］

1：景表法の定め

　景表法では、事業者が、「商品又は役務の品質、規格その他の内容について、一般消費者に対し、実際のものよりも著しく優良である（中略）と示す表示であって、不当に顧客を誘引し、一般消費者による自主的かつ合理的な選択を阻害するおそれがあると認められるもの」を表示することを禁止しており（景表法第1条1項1号、いわゆる「優良誤認」による不当表示の規制）、これに違反した場合には、措置命令（同法第6条）の対象となる可能性があります（なお、景表法の改正により、課徴金制度が導入され、改正法の施行日以降では、優良誤認表示および有利誤認表示の対象となった商品の売上げの3％を課徴金として納付することが義務づけられることになります。）。

　ここでいう表示とは、「顧客を誘引するための手段として、事業者が自己の供給する商品又は役務の内容又は取引条件その他これらの取引に関する事項について行う広告その他の表示」（同法第2条4項）を指しますので、広告やパンフレットの記載は景表法の「表示」に該当することになります。

　なお、「当該表示の裏付けとなる合理的な根拠を示す資料の提出」がない場合、優良誤認などの不当表示とみなすとの規定があることにも、注意が必要です（同法第4条2項）。

不当表示の概要
【優良誤認表示（4条1項1号）】
　＝商品または役務の品質、規格その他の内容についての不当表示
①内容について、実際のものよりも著しく優良であると一般消費者に示す表示
②内容について、事実に相違して競争事業者に係るものよりも著しく優良であ

ると一般消費者に示す表示

【有利誤認表示（4条1項2号）】
＝商品または役務の価格その他の取引条件についての不当表示
①取引条件について，実際のものよりも取引相手に著しく有利であると一般消費者に誤認される表示
②取引条件について，競争事業者に係るものよりも取引の相手方に著しく有利であると一般消費者に誤認される表示

【商品または役務の取引に関する事項について一般消費者に誤認されるおそれがあると認められ内閣総理大臣が指定する表示（4条1項3号）】
①無果汁の清涼飲料水等についての表示
②商品の原産国に関する不当な表示
③消費者信用の融資費用に関する不当な表示
④不動産のおとり広告に関する表示
⑤おとり広告に関する表示
⑥優良老人ホームに関する表示
消費者庁表示対策課『景品表示法の基本的な考え方 参考資料』平成26年11月

2：本件広告の問題点

本件で問題となっている広告には，『一般的な住宅の年間光熱費：「○○○，○○○円」，X社の住宅の年間光熱費：「△△△，△△△円」，断熱性能により，年間光熱費がおよそ×万円お得！』との記載があります。

このような広告は，一般的な住宅とX社の住宅を比較しているもので，いわゆる比較広告（自己の供給する商品または役務（以下，「商品等」といいます。）について，これと競争関係にある特定の商品などを比較対象商品等として示し（暗示的に示す場合を含む。），商品などの内容または取引条件に関して，客観的に測定又は評価することによって比較する広告）に該当します。比較広告ガイドラインにおいて，消費者庁は比較広告が不当表示とならないための3要件として，①比較広告で主張する内容が客観的に実証されていること，②実証されている数値や事実を正確かつ適正に引用すること，③比較の方法が公正であることを挙げています。

本件で問題となっている広告では，一般的な住宅の光熱費はガス・電気併用仕様を前提に試算しているのに対して，X社の住宅の光熱費はオール電化仕様を前提に試算しています。これでは，比較対象の前提条件が異なりますので，

③比較の方法が公正であるとの要件を満たしていないと判断される可能性があります。この場合には，当該広告は，「優良誤認」による不当表示と評価されることになってしまいます。そこで，一般的な住宅の光熱費とX社の住宅の光熱費の試算にあたっては，比較条件を統一するため，ガス・電気併用の仕様か，オール電化の仕様かを統一することが必要になります。

3：広告の記載に関する注意点
1）建物の間取りなど条件の記載

　光熱費のシミュレーションをする場合には，一定の住宅の広さや間取りを前提として，光熱費を試算することになります。その住宅の広さや間取りという前提条件が変化すれば，その試算結果も当然，変化することになります。

　この点について十分な説明をしておかないと，お客様からすべての住宅について，一律に年間の光熱費が×万円安くなると思ったなどといったクレームを受ける可能性があります。したがって，広告には，たとえば「○○坪，4LDKの参考プランによるシミュレーションであって実際のものとは異なります。」といった記載をしておくことが有効です。

2）その他の記載

　光熱費は，実際の住まい方や天候・気温などに大きく左右されますので，光熱費のシミュレーションの試算と実際の結果が異なることは，往々にしてあり得ます。このような場合に，広告に記載されているシミュレーションの結果と実際の結果が異なるとのクレーム対策のために，たとえば「この結果は，シミュレーションによるものであり，住まい方や天候・気温等により，実際とは異なる場合があります。」との記載を，広告に記載するとよいでしょう。

04 | オール電化・太陽光による発電量の説明の誤り

トラブルの内容 （神戸地裁姫路支部平成 18 年 12 月 28 日判決
（平成 17 年（レ）633 号・平成 17 年（ワ）899 号））

　太陽光発電システムおよびこれに付随するオール電化光熱機器類の売買および工事契約を締結した業者である原告が，買主である被告に対し，工事代金などの支払を求めたところ（本訴請求），被告は「原告から『オール電化にすれば○○円お得，太陽光発電の収入は△△円得られます』との説明を受けたが，実際には説明されたとおりのメリットを受けられていない」と主張し，本件契約は消費者契約法に抵触する勧誘によるものであり，契約を取り消すと主張して，原告の本訴請求を争うとともに，取消しに基づく原状回復として，被告の居宅に設置した機器類などの撤去工事をするよう求めるなどした（反訴）事案です。

トラブルの原因

　太陽光発電システムに関する説明が，業者から消費者に適切に行われていなかった，または説明をしていたとしても，その証拠が残っていなかったことが原因と考えられます。

ポイント解説

　施工業者は，消費者に対し，説明義務を負っているとされています。具体的に何をどこまで説明すべきかという点については，個別具体的な事案ごとの判断となりますが，不確実な事実について断定的に情報を提供した場合や，誤った情報の提供を行った場合は，説明義務違反となる可能性が高くなります。本事案は，太陽光発電システムに関するものですが，ZEHについても同様に考えられます。

　このような事態を避けるためには，情報提供に関しては適切な調査・合理的な根拠に基づいて行うこと，また，説明の際には文書で説明内容を証拠化しておき，不確実な事項については，あくまで断定的な情報の提供とならないよう注意しておく必要があります。

[法的観点からの検討] (神戸地裁姫路支部平成18年12月28日判決)

1：争点

　担当者が，「オール電化にすれば〇〇円お得，太陽光発電の収入は△△円は得られます」と何らの留保もなく説明してしまい，契約に至った場合の契約は有効かどうか。

　具体的には，
① 原告の説明に消費者契約法上の不実の告知があったか（消費者契約法4条1項，2項）。
② 契約を勧誘する際に不実の告知があったか（特定商取引法9条の2第1項）。

2：当事者の主張

【被告の主張】
① 被告は，原告から「オール電化にすれば〇〇円お得，太陽光発電の収入は△△円」との説明を受けたが，この説明は事実と異なるため不実告知（消費者契約法4条1項，2項）である。
② ①の説明は，勧誘の際の不実告知にも該当する（特定商取引法9条の2第1項）。

【原告の主張】
　原告は，被告に対して適切に説明している。

3：裁判所の判断

裁判所は本事案について，
① 太陽光発電システムにおいて，どの程度の経済的利益を見込むことができるかは，重要な事実であること
② この点については，被告らが経済的メリット・デメリットについて十分な説明を尽くしていなかったこと
③ 事実と反する説明をしていること

を認定し，消費者契約法4条1項，同2項，特定商取引に関する法律9条の2に各所定の取消事由があると判断しました。

4：ZEH導入の留意点

以上の裁判例は，太陽光発電システムに関するものです。ZEHの場合でも，高気密・高断熱で省エネが達成できる可能性があるというメリットがある一方で，コスト増加と思ったほど，省エネ効果・エネルギー生産ができないといった事態が想定し得ることからすると，同様のことが当てはまります。

施工業者としては，情報提供に際しては，適切な調査に基づき情報提供を行うことが必要です。

重要な事実について情報提供を行う場合には，説明したことを残すため，書面の交付を行うことがリスクヘッジにつながるものと思料されます。

引用条文:
・消費者契約法4条1項,2項
1項　消費者は,事業者が消費者契約の締結について勧誘をするに際し,当該消費者に対して次の各号に掲げる行為をしたことにより当該各号に定める誤認をし,それによって当該消費者契約の申込み又はその承諾の意思表示をしたときは,これを取り消すことができる。
一　重要事項について事実と異なることを告げること。
当該告げられた内容が事実であるとの誤認
二　物品,権利,役務その他の当該消費者契約の目的となるものに関し,将来におけるその価額,将来において当該消費者が受け取るべき金額その他の将来における変動が不確実な事項につき断定的判断を提供すること。
当該提供された断定的判断の内容が確実であるとの誤認
2項　消費者は,事業者が消費者契約の締結について勧誘をするに際し,当該消費者に対してある重要事項又は当該重要事項に関連する事項について当該消費者の利益となる旨を告げ,かつ,当該重要事項について当該消費者の不利益となる事実（当該告知により当該事実が存在しないと消費者が通常考えるべきものに限る。）を故意に告げなかったことにより,当該事実が存在しないとの誤認をし,それによって当該消費者契約の申込み又はその承諾の意思表示をしたときは,これを取り消すことができる。ただし,当該事業者が当該消費者に対し当該事実を告げようとしたにもかかわらず,当該消費者がこれを拒んだときは,この限りでない。

・特定商取引法9条の2第1項
申込者等は,次に掲げる契約に該当する売買契約若しくは役務提供契約の申込みの撤回又は売買契約若しくは役務提供契約の解除（以下この条において「申込みの撤回等」という。）を行うことができる。ただし,申込者等に当該契約の締結を必要とする特別の事情があつたときは,この限りでない。
一　略
二　当該販売業者又は役務提供事業者が,当該売買契約若しくは役務提供契約に基づく債務を履行することにより申込者等にとつて当該売買契約に係る商品若しくは指定権利と同種の商品若しくは指定権利の分量がその日常生活において通常必要とされる分量を著しく超えることとなること若しくは当該役務提供契約に係る役務と同種の役務の提供を受ける回数若しくは期間若しくはその分量がその日常生活において通常必要とされる回数,期間若しくは分量を著しく超えることとなることを知り,又は申込者等にとつて当該売買契約に係る商品若しくは指定権利と同種の商品若しくは指定権利の分量がその日常生活において通常必要とされる分量を既に著しく超えていること若しくは当該役務提供契約に係る役務と同種の役務の提供を受ける回数若しくは期間若しくはその分量がその日常生活において通常必要とされる回数,期間若しくは分量を既に著しく超えていることを知りながら,申込みを受け,又は締結した売買契約又は役務提供契約

05 | 自家発電システムの性能に関する説明の誤り

トラブルの内容

「停電時でも安心の自家発電」「自家発電で停電の不安解消」と謳って、太陽光による自家発電システムを導入した省エネ住宅を建築して引き渡したところ、地震によって停電が生じました。

停電により、施主が仕事用に自宅で使用していたデスクトップパソコンが故障し、パソコン内部の重要データが毀損・喪失したとして、重要データ喪失による損害および自家発電システム導入費用の賠償を求められました。

トラブルの原因

ここでの太陽光発電システムは、商用電力の電力供給系と接続した「系統連系」であったところ、商用電力の停電時、自家用発電機がそのまま発電を継続すると、電力が商用電力の供給系統に流出し（逆潮流）、感電事故が発生する危険があることから、これを防ぐために自家用発電機は発電を停止します。この状態で自家発電を行うには、太陽光発電システムを自立発電モードに切り替える必要があり、切り替えが行われない限り、停電状態が継続する関係にあったにもかかわらず、切り替えが行われなかったことが原因です。

ポイント解説

「停電時に自家発電を使用できる」との説明は、直ちに「1秒たりとも停電しない」ということを意味しません。したがって、積極的に、「1秒たりとも停電しない」「自動で自家発電に切り替わる」などとの誤解を与えるような説明をしたとの事情がなければ、説明義務違反とまではいえないように思われます。

もっとも自立発電への手動による切り替えが必要なことが、一般消費者にとって常識とはいい難いことから、トラブル回避の観点からは停電時に自家発電を使用するために、自立発電への切り替えが必要となることを、説明しておくことが望ましいと考えます。

[法的観点からの検討]

1：自家発電機の性能に関する思い込み

太陽光発電システムは、電力会社の商用電力供給系と接続している「系統連系」であり、逆潮流を防止するため、商用電力の停電が生じた場合に自家発電するためには、太陽光発電システムを手動で自立運転に切り替える必要があります。

一般消費者は「停電時でも安心して自家発電」というと、停電時にも即応して、間断なく自家発電で電力を賄えるかのような印象を持ちやすく、上記のような切り替えが必要になることが、一般常識とはいえないと考えます。

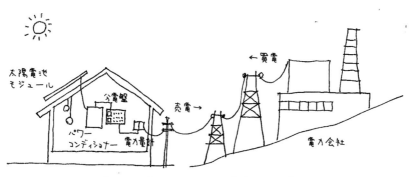

太陽光発電システムの「系統連系」

2：東京地裁平成21年6月30日判決（平成19年（ワ）2493号）

　本件のような事案に関し，参考となる裁判例として，東京地裁平成21年6月30日判決（平成19年（ワ）2493号）があります。

　同裁判例は，病院理事長が設立した会社である原告が，エネルギーに関するコンサルタント業務を行っていた被告から，自家用発電システムが常時無停電で稼働し，外部の商用電力が停電した際にも稼働を停止せずに発電を続ける性能を有するとの説明を受けました。その説明を信用して同システムを病院に導入する契約を締結して，同システムの導入を被告に発注し，さらに別会社と発電機のリース契約を締結して同システムを導入しました。しかし，同システムにはそのような能力はなく，商用電力の停電などにより発電機が停止したとして，被告に対し，原告が支出したリース料金の損害賠償を求めた事案です。

　同裁判例において，被告は，発電機が自立運転をしている日中に限定して，停電しない旨の説明をしたと主張しました（自立運転中であれば，商用電力停止の影響を受けることはありません。）。裁判所は，自家用発電システムのパンフレットに，「安心の無停電システム」「電力会社が停電となった場合，通常の常用発電機は停止しますが，当社の発電機は……（中略）……停電時も復電時も一切運転を停止しません」との記載があることなどの事実を摘示したうえで，自家発電システムに関し，実際の性能とは異なる説明をしたとの事実を認定し，原告の請求を認容しました。

3：本件事案における説明義務違反

　上記裁判例は，発電機を供給する会社の説明義務違反が問われた事案です。発電機を住宅設備として取り扱う施工者も，一般消費者と同等の施主に対し，その性能に関し実際と異なる説明をしてはならないとの注意義務を負いますので，本件事案においても参考になり得るものと考えます。

　上記裁判例の事案と本件事案とを比較すると，本件では，積極的に「1秒たりとも停電しない」との事実を説明しているのではなく，「停電時にも自家発電を使用できる」との事実を説明しているに過ぎないともいえます。

　一時的に停電が生じるにせよ，自立運転に切り替えが行われれば，「停電時にも自家発電を使用できる」わけですから，その説明内容に虚偽はないといえそうです。上記の考え方によれば，本件においては，施工者に説明義務違反は生じないことになります。

　ただし，133頁の1のとおり，自立発電への手動による切り替えが必要となることが，一般消費者にとって常識とまではいえないことからすれば，トラブル回避の観点からは，単に「自家発電＝停電時も安心」ということのみを説

明するのではなく，停電時に自家発電を使用するためには，自立発電への切り替えが必要となり得ることを説明することが望ましいと考えます。

4：損害の考え方

　本件において，説明義務違反が成立すると仮定した場合，データの損失に関する損害，太陽光発電システム導入費用の損害賠償が義務付けられるのでしょうか。

　データの損失に関する損害については，停電しない家と信じていたために，夜間もパソコンの電源を落としていなかった，といった事情があった場合には，説明義務違反との間に相当因果関係が認められる可能性が高いと考えます。

　太陽光発電システム導入費用については，説明義務違反との間に損害賠償が認められるためには，「きちんとした説明を受けていれば，太陽光発電システムを導入しなかった」との事情が必要になります。

　上記裁判例においては，「人の生命や健康に関わる病院の業務において，電力供給の安定を確保することが重要な課題であることはいうまでもなく，……（中略）……無停電のシステムが重要な考慮要素であったとするD（引用者注：病院理事長）の前記供述は，信用することができる」として，自家発電システムのコストメリットに着目した導入であったとの被告の主張を退け，常時無停電の機能を有することが，自家用発電システム導入の必須条件であったことを認定し，発電機のリース料金の損害賠償請求を認めています。

　一般の住宅においては，常時無停電であることが，重要な考慮要素となるものとは通常考えがたいことから，本件においては特段の事情がない限り，太陽光発電システムの導入費用の損害賠償請求は認められないと考えられます。

コラム―――⑰ 太陽光発電システムの電力供給の安定性

　商用電力の停電時に，太陽光発電システムの自立運転によって電力を賄う場合であっても，その電力量は，天気・時間帯などによって大きく左右されることとなります。したがって，自立運転に切り替わったとしても，電力の安定的な供給は実現できない可能性もあり，個々の電気機器の性質によっても，稼働の状況が変わる可能性もあります。さらに，太陽光発電システムの自立運転で賄える電力には，上限があることも想定されます。

　自家発電があることによって「停電時の安心」を謳う場合には，自家発電のみによって電力を賄わなければならない非常事態が生じた際，住宅の電力供給が具体的にどのような状態となるのか，目配りしておきたいところです。

補助金等に関するトラブル

01 | 請負契約が解除された場合のエコポイント相当分の損害

トラブルの内容

住宅のリフォーム工事請負契約を締結し、工事を開始しました。詳細な工事の仕様については、施主と施工者との間で協議が調わず、請負契約が工事途中で解除されました。住宅エコポイントの申請は施主が自ら行うことになっていましたが、施主は施工者が申請に必要な書類を交付しなかったために、申請期間内に住宅エコポイントの申請ができず、住宅エコポイント相当分の損害を被ったとして、施工者に対し損害賠償を請求しました。

トラブルの原因

住宅エコポイントの申請が請負契約の内容に含まれていなかったことから、施工者が、施主に対して住宅エコポイントの申請に関する必要書類の交付を行わなかったこと（または、必要書類の交付ができないことにつき十分な説明を行わなかったこと）がトラブルの原因と考えられます。

ポイント解説

住宅エコポイントの申請に必要な書類には、工事証明書等の施工者が交付する書類が含まれています。施主が住宅エコポイントを申請するにあたっては、施工者においても協力をする必要があるということになります。
これに対し、施工者が必要書類の交付などを行わず、結果、申請期間内

に住宅エコポイントの申請ができなかった場合，トラブル例のように，施工者は施主から損害賠償請求を受ける可能性があります。

　施主が住宅エコポイントを申請することが予定されている場合には，施工者は施主に対して住宅エコポイントの制度に関する十分な説明を行ったうえで，申請に必要な協力を行い，事前にトラブルを防止することが望ましいといえます。

［法的観点からの検討］

1：住宅エコポイント制度
1）制度の概要

　復興支援・住宅エコポイント制度とは，平成23年10月21日に閣議決定され，平成23年度第3次補正予算に盛り込まれた制度です。地球温暖化対策の推進に資する住宅の省エネ化，住宅市場の活性化，東日本大地震の復興支援のため，エコ住宅の新築，リフォームをした場合にポイントが発行され，被災地の商品やエコ商品などと交換できるシステムです。

1. 制度概要 従来制度との主な違い		従来制度（復興支援・住宅エコポイント）	新制度（省エネ住宅ポイント）
対象期間		H23.10〜H24.10に着工	閣議決定日（H26.12.27）以降に契約＊（着工は契約締結日〜H28.3.31）
対象住宅		新築，リフォーム	新築，リフォーム，完成済新築住宅の購入
対象種別		持ち家，借家	持ち家，借家（リフォームのみ）
対象住宅の性能要件等	新築	トップランナー基準相当（木造住宅は等級4）	トップランナー基準相当（木造住宅は等級4）
	リフォーム	(1) 窓の断熱改修 (2) 外壁，屋根・天井，床の断熱改修 ＋上記(1)又は(2)にともなう以下の工事等 ①バリアフリー改修 ②エコ住宅設備の設置（太陽熱利用システム，高断熱浴槽，節水型トイレ） ③リフォーム瑕疵保険への加入 ④耐震改修	(1) 窓の断熱改修 (2) 外壁，屋根・天井，床の断熱改修（部分断熱可） (3) 設備エコ改修（エコ住宅設備3種類以上） ＋上記(1)〜(3)のいずれかにともなう以下の工事等 ①バリアフリー改修 ②エコ住宅設備の設置（太陽熱利用システム，高断熱浴槽，節水型トイレ，<u>高効率給湯機，節湯水栓</u>） ③リフォーム瑕疵保険への加入 ④耐震改修
ポイント数	新築	被災地：30万ポイント，その他：15万ポイント	30万ポイント
	リフォーム	最大30万ポイント（耐震改修を行う場合：45万ポイント） （工事内容に応じ2千〜10万ポイント）	最大30万ポイント（耐震改修を行う場合は45万ポイント） （工事内容に応じ<u>3千〜12万ポイント</u>） <u>既存住宅購入を伴うリフォームはポイント加算</u>
交換商品		地域産品，商品券等 （被災地支援にポイントの半分以上を充当）	地域産品，商品券等

出典：「省エネ住宅ポイントについて」（国土交通省）

2）申請の主体

　住宅エコポイントの申請は，新築・リフォーム工事の施主などが行うものとされており，申請の主体は施工者ではありません。ただし，施工者が施主から住宅エコポイントの申請代行業務の委託を受けていた場合には，施工者は，準委任契約に基づき，善管注意義務（業務を委任された者の職業や専門家としての能力，社会的地位等から通常期待される注意義務）を負うことになります（民法656条，644条）。このとき，無償で申請代行業務の委託を受けていたとしても，施工者は善管注意義務を免れることはできません。

　施工者は，施主から住宅エコポイントの申請代行業務の委託を受けていたにもかかわらず，不注意で申請期限を徒過して住宅エコポイントの申請ができなかった場合には，善管注意義務違反として債務不履行責任を負うことになります（民法415条）。

コラム―――⑱ 省エネ住宅ポイント制度

　復興支援・住宅エコポイント制度の各種申請はすべて終了しましたが，その他に省エネ住宅ポイント制度が存在しています。省エネ住宅ポイント制度では，省エネ性能を満たすエコ住宅の新築，対象工事を実施するエコリフォームに加え，省エネ性能を満たす完成済みの新築住宅の購入を対象とするなど，従前の住宅エコポイント制度とは異なる部分もあります。もっとも，申請必要書類などに関して多くの点で共通していますので，今後もトラブル例と同様の問題が生じ得るものと考えられます。また，復興支援・住宅エコポイント制度や省エネ住宅ポイント制度は，あくまでも国の施策であるため，申請しても必ずしもポイントの発行が受けられない場合もありますので，トラブルが生じやすいのが実情です。施工者としては，省エネ住宅ポイント制度などの利用を施主が希望していることが判明している場合には，あらかじめ十分な説明を行うなどして，トラブルを防止することが望ましいといえます。

2：施工者は施主の住宅エコポイントの申請に協力しなければならないか

1）施工者の申請への協力義務

　上記で説明したとおり，住宅エコポイントの申請の主体は施工者ではなく施主などであるため，施工者が住宅エコポイントの申請に関し協力すべき義務があるのか否かが問題となります。

　施工者が住宅エコポイントの申請代行業務の委託を受けていない場合には，

施工者が住宅エコポイントの申請を行う必要はありません。施主が住宅エコポイントの申請を行うことについて，施工者が請負契約締結時等から把握していた場合には，施工者は請負契約に付随する義務または黙示的な合意に基づく義務として，住宅エコポイントの申請に必要な書類を施主に対して交付する義務が認められる可能性があると考えられます。

ただし，施工者において，いまだ住宅エコポイントの申請に必要な書類を作成すべき段階に至っていない場合にまで，施主の要望に応じて同書類を交付することは求められていません。この点に関して，東京地裁平成26年11月11日判決（平成23年（ワ）34853号）では，リフォーム工事中に請負契約が解除された事案において，施主（被告）が，施工者（原告）には請負契約に基づく付随義務として，施主（被告）が申請期間内に住宅エコポイント発行の申請を行えるよう，申請に必要な書類を交付する義務を負っていたと主張したのに対し，裁判所は「エコリフォームについて住宅エコポイント発行の申請を受けるために必要な書類の中には，施工者が発行する工事証明書があり，この工事証明書の書式は，工事着手日，工事完了日，工事内容（「窓の断熱改修」等の対象工事のうち該当するものにチェックを入れるとともに，数量を記入するようになっている。）等を記入するようになっていたことが認められる。すなわち，工事証明書は，住宅エコポイント発行の対象となる改修箇所ごとに作成するのではなく，当該リフォーム工事全体について1通作成することが予定されていたといえる。そうであるところ，本件全証拠によっても，本件のようにリフォーム工事が完成前に工事請負契約が解除された場合にも住宅エコポイント発行の申請を受けることができるかについては明らかでなく，本件の事実関係において，原告が被告主張の付随義務を負っていたと認めるには至らないというべきである。」として，施工者が施主に対して住宅エコポイントの申請に必要な書類を交付する義務を否定しています。

2）トラブル例の場合

トラブル例においても，請負契約が解除されており，その結果，住宅エコポイントの申請に必要な工事証明書を作成できる段階まで工事が完了していなかったとすれば，施工者は施主に対して工事証明書を交付する義務はないと考えられます。そのため，施工者は，施主からの損害賠償に応じる必要はないということになります。

上記のようなトラブルを防止するためには，請負契約が解除されて工事が中途で終了し，工事証明書を作成できない場合には，施工者は住宅エコポイントの申請に必要な書類の作成・交付に協力できない場合がある旨をあらかじめ施主に対して説明し，施主の理解を得ておくことが望ましいと考えられます。

02 | 履行遅滞により補助金交付が受けられなかった場合

トラブルの内容

　すまい給付金制度[1]を利用して、住宅の建築を行うことになっていました。工期が遅延してしまい、すまい給付金制度の実施期間が経過してしまった結果、住まい給付金の交付が受けられなくなってしまったため、施主から同給付金相当分の損害を賠償するように求められました。この住まい給付金制度では、平成31年6月までに引渡しを終え、入居が完了した住宅が対象とされています。

【例：住まい給付金の場合】

すまい給付金制度の実施期間

すまい給付金制度は、消費税率の引上げられる平成26年4月以降に引渡された住宅から、税制面での特例が措置される平成31年6月までに引渡され入居が完了した住宅を対象に実施しています。なお、給付対象は引上げ後の消費税率が適用された住宅となりますのでご注意ください（消費税率5%が適用される住宅は給付対象外です。）。

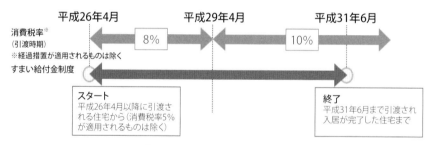

出典：すまい給付金事務局ホームページ

トラブルの原因

　すまい給付金制度の実施期間内に工事が完成できるように余裕をもった工期設定を行えていなかったこと、または、工期設定が厳しく、工期が遅延する可能性が見込まれる場合において、実際に工期が遅延した場合にはすまい給付金の交付が受けられなくなることについて、あらかじめ施主に十分に説明し理解を得ていなかったことが原因と考えられます。

1　平成25年6月26日に行われた「住宅取得に係る給付措置についての自由民主党・公明党の合意」に基づく制度

ポイント解説

　補助金を利用して住宅建築を行うことが予定されていた場合において，施工者の責めに帰すべき事由によって工期が遅延し補助金の交付が受けられなくなった場合には，施工者は補助金相当額の賠償をしなければならない可能性があります。

[法的観点からの検討]

1：補助金等の申請について

　建築工事に関連しては，各種補助金や住宅エコポイントなどさまざまな優遇措置が存在しています。これらの制度の多くは，施主自身による申請などを前提としています。

　実際には，施主が申請などに関する知識を有していない場合も多いため，施工者が施主を代行して補助金に関する申請などを行う場合があります。この場合，施工者の申請代行業務に不履行があれば，同業務が無償であっても責任を免れることはできません。

　施工者は，補助金などの申請代行業務を請け負っていない場合でも，工期の遅延によって補助金の交付が受けられなくなったような場合には，施主が補助金を利用することを認識していれば，後述するとおり損害賠償責任を負う可能性があります。なお，施工者が補助金制度について誤った説明をした場合などには，説明義務違反に基づく責任を負う可能性もあります。

2：工期の遅延に関する法的責任

　施工者は，通常，請負契約において一定の時期までに工事を完成し引渡しを行うことを約定しています。

　施工者がその約定に反して，自らの責めに帰すべき事由により工事の完成・引渡しを遅延した場合，施工者は債務不履行責任を負うことになります（民法415条）。

3：賠償すべき損害の範囲

　この場合，施工者は工期の遅延と相当因果関係にある損害について，施主に対して賠償する義務を負うことになります。そして，工期の遅延（債務不履行）と相当因果関係にある損害とは，通常損害（債務不履行によって通常生じるべ

き損害）および特別損害（債務不履行時に予見可能な特別事情によって生じた損害）であるとされています（民法416条）。

　そのため，住宅建築に際して補助金を利用することが予定されており，請負契約で定められた工期内に住宅が完成すれば，補助金の交付を受けられたにもかかわらず，工期の遅延によって補助金の交付要件となる実施期間を経過してしまうなどして補助金の交付が受けられなくなった場合には，補助金相当額が工期の遅延と相当因果関係にある損害として賠償範囲に含まれる可能性があります。

　住宅建築の請負契約においては，工期が遅延した場合に関して，「受注者の責めに帰すべき事由により，契約期間内にこの契約の目的物を引き渡すことができないときは，契約書に別段の定めのない限り，発注者は，受注者に対し，遅滞日数に応じて，請負代金額に対し年10パーセントの割合で計算した額の違約金を請求することができる。ただし，工期内に部分引渡しのあったときは，請負代金額から部分引渡しを受けた部分に相応する請負代金額を控除した額について違約金を算出する。」などの遅延損害金の規定が，設けられている場合が多くあります。このような遅延損害金の定めは，違約金の定めとして，損害賠償額の予定であるとの推定を受けます（民法420条3項）。そして，損害賠償額の予定がある場合，裁判所はその額を増減することができないとされています（民法420条1項）。

　この点については，東京地裁平成20年5月2日判決（平成19年（ワ）4572号）においても，被告（施工者）が工期を遅延させたため，原告（施主）が余分にかかった家賃および駐車場代金に加えて，遅延損害金を請求した事案において，工事の遅延による履行遅滞が生じた場合には1日につき請負代金の1万分の4以内の違約金を請求することができると規定した「本件請負契約16条1項は，被告会社の債務不履行の場合について，予め損害賠償の額を約定したものと解するのが相当」であり，「原告と被告会社との間に損害賠償額の予定が合意されている以上，原告の請求に係る余剰支払家賃や余剰駐車場代金も，本件請負契約16条1項による損害賠償の予定の範囲内に含まれているものと解すべきである」として，規定されていた損害賠償額以外の請求を認めませんでした。したがって，上記のような遅延損害金の規定が存在する場合には，工期の遅延によって補助金の交付が受けられず，施主が補助金相当額の損害を被った場合でも，請負契約所定の遅延損害金以上の請求をすることは認められない可能性があると考えられます。上記のような遅延損害金の規定は，請負契約が中途で解除となった場合には適用されない可能性があり，そのような場合には補助金相当額が損害として認められる可能性もあるものと考えられます。

> **コラム———⑲ 東京地裁平成26年12月24日判決（平成23年（ワ）28937号）**
>
> 　上記判決は，原告から建築工事を請け負った被告の施工に著しい不具合があるとして，原告が被告に対し，債務不履行に基づき被告との間の請負契約を解除したうえで，解除に伴う原状回復として被告が施工した基礎部分および杭部分の撤去ならびに既払金の返還を求めるとともに，債務不履行に基づく損害賠償として調査費相当額や建築工事が完成していれば本来得られたはずの住宅エコポイント相当額30万円などの支払を求めた事案において，「被告が本件請負契約に基づき本件建物を完成させていれば，原告らは住宅エコポイントを取得することができたにもかかわらず，被告の責めに帰すべき事由によりこれを取得することができなかったものであるから，被告は，原告らが取得することができなかったエコポイントに相当する損害を賠償する義務を負う」旨を判示しています（上記判決の事案では，平成23年7月1日までに工事に着手した物件に限りエコポイント発行の対象となるが，被告が本件請負契約を解除した平成23年11月以前の段階では原告らにおいて業者を代えて新たに建築工事に着手することに踏み切れないとしてもやむを得ないとの認定がなされ，被告が工事を完成させなかった債務不履行と住宅エコポイント分の損害が相当因果関係にあるとの判断がなされています。）。
>
> 　上記事案のように，工期の遅延だけでなく，施工者が工事を完成させることができずに解除に至ったために，住宅エコポイントの取得要件を充足できなくなった場合には，本来取得できたはずの住宅エコポイント分が損害として認められる可能性があります。
>
> 　住宅エコポイントや補助金などについては，財源などの関係で必ずしも交付が受けられるとは限りませんので，施工者の工期遅延などが一因となって補助金などが受けられなかった場合でも，当該補助金など相当額が常に施工者の賠償すべき損害になるものではないとも考えられるところです。

4：対応のポイント

　施工者としては，工期の遅延が生じないように適切な計画を立てて工事を進めるとともに，施主に対して補助金は必ずしも交付が受けられるものではないことおよび施工者の責めに帰すことのできない事由による工期遅延その他の事情により補助金の交付が受けられない場合であっても，当該施工者は一切責任を負わないことをあらかじめ明確に説明しておくことが望ましいと考えられます。

03 | 電気代増額部分の損害賠償請求

トラブルの内容

　省エネルギーシステムの一環として，電気代の安い8時間の深夜運転で，24時間分の暖冷房に必要な蓄冷熱を行い，電気代の高い昼間は暖冷房機を稼働させないという，いわゆる「躯体蓄熱システム」を採用した建物を設計・建築し，引き渡したところ，暖冷房能力バランスの設計にミスがあり，暖冷房機の深夜運転だけでは，24時間分の暖冷房に必要な蓄冷熱を行うことができないことがわかりました。

　施主は，建物の補修費用のみならず，電気代の高い昼間に暖冷房機を稼働させなければならないことによる電気代増加分を損害賠償として請求しています。

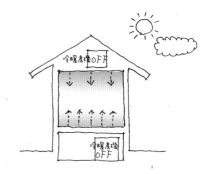

トラブルの原因

　冷温水管の数が足りない，熱源機が足りないなどの暖冷房能力バランスの設計ミスです。

ポイント解説

　契約上合意されていた「躯体蓄熱システム」の性能が，設計ミスによって実現できない場合，これによって生じた電気代増額部分は拡大損害として，賠償すべき責任が生じるリスクが高いものといえます。

建物の補修により,「躯体蓄熱システム」が実現できるのであれば,以降の電気代は増額しないことになるため,この増額部分についての損害賠償責任は負わないこととなります。「躯体蓄熱システム」の性能を回復する補修が困難であるときは,将来生ずべき電気代増額部分について,損害賠償責任を負う可能性があります。

[法的観点からの検討]

1：拡大損害の賠償

　設計ミスにより,建物に瑕疵が生じた場合には,当該瑕疵の補修費用の賠償請求を受ける可能性があるほか,当該瑕疵により,施主に補修費用とは別に生じた損害（いわゆる拡大損害）の賠償請求を受けるリスクがあります。

　この拡大損害としては,典型的には,建物に雨漏りが生じ,その雨漏りによって,建物内の家具などを汚損したことによる損害などが挙げられます。

　本件の事例では,適切な設計がなされていれば,電気代の高い昼間に暖冷房機を稼働させる必要はなかったところ,設計ミスにより,その必要が生じ,この状態のままであれば,施主は増額する電気代を支払わなければならない関係にあるため,施主は設計者に対し,電気代増額分の損害の賠償を求めることが可能となります。

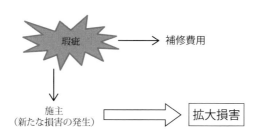

2：建物の補修が可能な場合

　建物の補修により,予定された「躯体蓄熱システム」の性能を回復することができる場合には,以降は電気代が増額することはありませんから,少なくとも建物の補修が可能な時期以降については,電気代増額分の損害賠償は認められないことになります。

3：建物の補修が困難な場合―東京地裁平成 27 年 3 月 27 日判決

　他方で，既に建築された建物の構造上，熱源機の増設が困難であるなど，予定された「躯体蓄熱システム」の機能を実現する補修ができない場合には，将来における電気代増額分の損害賠償が問題となります。その場合における電気代の差額をどのように算出するのか，将来における電気代増額分は何年分の増額分と考えればよいのかなど，容易には判断できない問題が生じます。

　この点，東京地裁平成 27 年 3 月 27 日判決（平成 23 年（ワ）26769 号・平成 24 年（ワ）13737 号）は，概略，

① まず，当事者が主張した建物の熱損失係数（Q 値）及び熱損失量を前提に，過去 4 年（1 年につき，暖房期間を 6 か月と想定）の熱損失量を算出し，さらに補助的に新たに設置される電気加熱器により賄われる熱量を控除した上，これに対する本件建物に設置された熱源機の電気消費量を算出し，夜間運転により賄われる電力量を控除して，「適切な設計を行っていれば夜間電力で賄うことが可能であったにもかかわらず，昼間電力で賄うべきこととなった電力量」を算出し，

② 他方で，特定の任意の月における昼間電力の電気代と夜間電力の電気代差額を算出し，上記①にこれを乗じて「設計瑕疵により増加した電気代相当額」を過去 4 年分算出し，

③ さらに，上記②の過去 4 年分の電気代差額相当額について，1 年当たりの平均値を算出したうえで，

④ 建物の耐用年数を 50 年と設定し，建物引渡後裁判時までの 4 年間については，電気代差額相当額の実額（上記②）の賠償を命じる一方，残りの 46 年間については，上記③の平均値を前提にして，中間利息の控除を行うという方法で，電気代差額の算出を行いました。

　「中間利息の控除」とは，聞き慣れない言葉です。簡単にいえば，電気代差額の損害は将来において日々発生し，本来その発生時点でその都度賠償される（支払われる）べきものであるという考え方です。裁判では，建物の耐用年数が経過するまでの電気代差額を，一挙に損害として現時点で賠償する（支払う）ことになるために，賠償金の運用益が分割して支払われる場合よりも多くなってしまうので，公平の観点からこの点を控除する，と考えることです。交通事故による逸失利益（働けなくなったことによる給料差額など）の算定の際に，用いられることの多い考え方です。この裁判例は，これを将来の電気代差額を算出する際に応用しており，興味深い考え方といえます。本件においても，建物の補修により予定された「躯体蓄熱システム」の性能を実現することができない場合の電気代差額の損害算定にあたっては，上記が参考になります。

コラム──⑳ ランニングコストの説明と電気代差額の請求

　省エネ住宅では，イニシャルコストが高額化する傾向にあります。他方で，電気代など，ランニングコストが低減するという点がメリットとして嘔われています。

　今回は，設計ミスによって，契約上合意されていたランニングコスト削減性能（躯体蓄熱システム）が実現できず，これによって電気代増額分の損害が発生した事例を取り扱いました。

　これとは異なり，単純に省エネ住宅について，「電気代10％削減」などと広告を打っていたところ，実際に居住してみたら，施主の従前の生活と比較して，10％も電気代を削減することができなかったという場合は，削減率10％に届かなかった電気代差額分全額について，損害賠償の責任を負うのでしょうか。

　この場合，まず「10％削減」が何を比較対象としていたのか，という点が論点となります。

　例えば施主の従前居住していた建物と比較して，電気代10％削減を施主に対して特に保証していた，と評価された場合には，これが実現できていない以上，削減率10％に届かなかった電気代差額分全額について，損害賠償の責任を負うリスクが生じます。

　他方で，「電気代10％削減」と謳っていただけで，これを施主に対して保証していたわけでもないという場合には，電気代差額全額について直ちに損害賠償責任を負う，との結論には疑問があります。

　例えば，「電気代10％削減」が一定の条件下におけるシミュレーション結果に過ぎず，必ず実現できるわけではないことをきちんと説明した場合と，特に説明しなかった場合とを比較して考えてみます。このような説明の有無が，施主の電気代の多寡に直ちに影響を与えるといえるでしょうか。きちんと説明をしていた場合であっても，電気代は施主の生活によって，いずれにせよ発生したのではないでしょうか。このような観点からすると，説明義務違反の有無と，施主の電気代差額の損害との間には相当因果関係があるとはいえない，と考える余地があります。

　ただし，施主はランニングコストの削減をメリットとして，イニシャルコストが高額であっても，あえて請負契約を締結しているわけですから，期待された程のランニングコストの削減が実現できなかった場合に，これを建物価値減損分の損害として評価する，という考え方は成り立ち得るところです。

第4章
ZEH補助金申請をめぐる
トラブル事例

ZEH補助金申請について紹介させていただきたい事項として，次のようなものが挙げられます。

1
ネット・ゼロ・エネルギー・ハウス(ZEH)支援事業

2
補助金交付要件の概要

3
ZEH補助金の利用にあたって気をつけたいトラブル

1 について

　ネット・ゼロ・エネルギー・ハウス（ZEH）支援事業とは，具体的にどのような事業であるのか，ZEHに関する一定の基準を満たす住宅を新築等する場合，住宅会社にどのようなメリットがあるのかなどを検討します。

2 について

ZEH補助金の交付を受けるための各種の要件についてご紹介します。

3 について

　ZEH補助金申請については，申請期間や，そもそも補助金の予算に上限があるなど，申請から交付に至るまでさまざまなトラブルが発生し得ます。
　そこで，代表的なケースを三つのパターンに分けたうえで，いくつかの事例とともにそのポイントなどを説明させていただくことで，住宅会社にとって留意すべき事項をわかりやすく解説しています。

1：ネット・ゼロ・エネルギー・ハウス（ZEH）支援事業

ネット・ゼロ・エネルギー・ハウス（ZEH）支援事業とは，2030年までに新築住宅の平均でZEH（ネット・ゼロ・エネルギー・ハウス）の実現を目指すべく，高断熱外皮，高性能設備と制御機構などを組合せ，住宅の年間の一次エネルギー消費量が正味（ネット）でゼロとなる住宅（ZEH）を新築する，ZEHの新築建売住宅を購入する，または既築住宅をZEHへ改修する者に補助金を交付する事業です。

すなわち，ZEHに関する一定の基準を満たす住宅を新築などする場合，補助金の交付が受けられる可能性があるということです。

そのため，住宅会社としては，「補助金を活用できる今こそ，ゼロ・エネルギー住宅を建てましょう！」などのセールストークを活用して，受注を獲得するチャンスということになります。

2：補助金交付要件の概要

ZEH補助金の交付を受けるためには，概要，以下の要件を充足する必要があります。

（1）申請する住宅の年間の一次エネルギー消費量が正味でゼロ以下であること

（2）年間の一次エネルギー消費量（太陽光発電による創エネルギー分を除く。）が，「エネルギーの使用の合理化等に関する建築主等及び特定建築物の所有者の判断の基準（平成25年経済産業省・国土交通省告示第1号）」あるいは事業主基準における基準一次エネルギー消費量に対して20％以上削減されていること

（3）一定の断熱性能を満たすこと

（4）導入する設備が，一般社団法人環境共創イニシアチブ（以下「SII」という。）が定める一定の要件を満たすこと

（5）既築の場合は，改修により，SIIが別途定める「導入を必須とするもの」を原則すべて新たに導入すること

（6）要件を満たすエネルギー計測装置を導入すること

（7）定期的なエネルギー使用状況の報告ができること

（8）太陽光発電システム等の再生可能エネルギーシステムを導入すること。

　※新設する太陽光パネルの公称最大出力の合計が10 kW未満であること，またはパワーコンディショナの定格出力が合計で10 kW未満であること。

　※既築においては，既設の太陽光発電システムも認められる。

　※売電を行う場合は余剰買取方式に限る（全量買取方式は認められない）。

3：ZEH補助金の利用にあたって気をつけたいトラブル
（1）ZEH補助金を利用するにあたっては，以下の点に注意する必要があります

　まず，ZEHに関する補助金の申請期間は限定的なものとなっています。たとえば，四次公募は平成27年8月17日から平成27年8月31日まで，五次公募は平成27年9月1日から平成27年9月15日までと，申請期間が相当程度限定されていました。

　また，ZEH補助金の予算にも上限があるため，必ずしも補助金の交付が受けられるとは限りません。

　そのため，後になって「補助金の交付が受けられなかった！」としてトラブルにならないように，十分に注意しておく必要があります。

　以下，補助金に関するトラブル事例を見ていきます。

（2）トラブル事例①（思いどおりの仕様に変更できない）
【ケース】

　お客様と住宅建築のご相談をしたところ，ZEH補助金を利用することとなりました。営業マンは，ZEH補助金の申請期間に間に合わせるために，「後で仕様の変更はできますから。」とお客様に説明して契約し，補助金の申請をしました。

　しかし，ZEH補助金の交付要件を充足するためには，一定の仕様を備える必要があるため，お客様の思いどおりに仕様変更ができず，お客様から，「補助金が利用できても，希望どおりの家が建てられないなら白紙解約したい。」などとクレームを受けています。

【ポイント】

　ZEH補助金の交付要件を充足するためには，一定の仕様を備える必要があるため，必ずしもお客様の希望どおりに仕様変更ができるとは限らず，トラブルになる可能性もあります。

　そのため，お客様に対しては，補助金を利用するために仕様の変更が制限され得ることをあらかじめ説明し，理解してもらっておくことが重要です。

　なお，以上とは反対に，補助金申請後にお客様の要望どおりに仕様変更した結果，補助金交付要件を充足しなくなり，補助金の交付が受けられないという事態にもなり得ますので，仕様変更に際しては十分に注意する必要があります。

（3）トラブル事例②（追加変更契約に伴うトラブル）

【ケース】

当社は，お客様との間で平成26年4月に工事請負契約（3,947万円）を締結した後，ZEH申請に伴い別途追加変更契約（494万円）を同年5月に締結しました。その後，システム上の問題から，平成26年9月に最終の変更契約・着工承認書（4,099万円）を別に締結しました。

これに対し，お客様から，「変更契約・着工承認書（4,099万円）には追加変更契約（494万円）が含まれているはずである。引渡時に追加変更契約代金494万円を支払わないと引渡しもしてくれないし，ZEH補助金も受領できなくなるので，494万円を支払ったが，本来は支払う義務がないので，返還してほしい。」とのクレームを受けています。

【ポイント】

このケースでは，変更契約の前日に追加契約494万円が別途であることを資金計画書で説明したものの，端数きりを求められて一旦持ち帰ったため，最終的に資金計画書等を渡せず，打合せ記録も作成していなかったので，「言った，言わない」のトラブルに発展してしまいました。

このようなトラブルを防止するために，特に契約金などの重要事項については，打合せ記録を必ず取るという運用で臨む必要があります。また，別途契約が存在する場合は，変更契約特記事項欄などにその旨を記載するなどして記録化しておくことが望ましいといえます。

（4）トラブル事例③（必ず補助金をもらえると思っていた）

【ケース】

お客様から住宅の建築を依頼され，ZEH補助金を利用することとなり，申請期間内に申請を行いましたが，申請が殺到し，最終的に補助金が得られませんでした。お客様からは，「必ず補助金がもらえると思っていた。」としてクレームを受けています。

【ポイント】

ZEH補助金の予算には上限があり，予算を超える申請があった場合，選考により一次エネルギー消費削減率などにつき上位の物件が優先されることになります（申請順に補助金が交付されるわけではありません）。したがって，補助金の申請期間内に申請しても，補助金の交付が必ず受けられるというわけではありません。

そのため，お客様に対してZEH補助金について説明するに際しては，「期間内に申請すれば補助金はもらえますから。」などと断定的なことをいわないように，注意する必要があります。
　また，補助金の申請主体はあくまでお客様であり，申請に基づく補助金の交付の有無などに関して工務店は責任を負えないことも，お客様に理解していただいておく必要があります。さらに，①お客様の要望・予算などにより仕様の変更が生じるなどの事情により，補助金交付の要件を充足しなくなった場合，②ZEHに関する補助金の予算額を超える申請があり，当該住宅が補助金交付の対象として選定されなかった場合などには，補助金の交付が受けられないことをあらかじめお客様に説明し，その旨記載した書面を交付しておくことがトラブル防止の観点から望ましいといえます。

　＜書面記載例＞
　ZEH補助金の申請につきましては，申請主体はお客様となっていますので，申請に基づく補助金の交付の有無などに関しては当社にて一切の責任を負いかねますことをあらかじめご了承ください。
　また，お客様にて申請をされる場合に，以下の事情などにより補助金の交付が受けられない場合があることについてもあらかじめご承知置きください。

（1）申請期間内に申請ができなかった場合
（2）本物件についてお客様の要望，予算，行政などの指示または地形的条件などにより仕様の変更が生じるなどの事情により，補助金交付の要件を充足しなくなった場合
（3）ZEH補助金の予算額を超える申請があり，選考により一次エネルギー消費削減率などにつき上位の物件が優先された結果，本物件が補助金交付の対象として選定されなかった場合
（4）その他お客様の責めに帰すべき事由による場合

　なお，上記の書面記載例は，お客様に一方的に交付する場面を前提としています。この場合，後にお客様との間で上記書面の記載事項が合意内容になっているか否かにつき疑義が生じるリスクもありますので，お客様との間で取り交わす覚書の形に書面の形式を変更して活用いただくことも考えられます。そのほか，ZEH補助金と併用不可の補助金，補助金の交付方法および交付時期などについて，留意すべき事項を記載しておくことも考えられます。

＜参考事例①＞

【ケース】

　A市では，一定の条件を満たした住宅を新築した場合には，補助金の交付が受けられるとの制度が存在します。そして，当社は，あるお客様より，補助金の交付を受けることを前提に，自宅を建築したいとの相談を受け，そのお客様を代行して補助金の申請手続を行うことになりました。

　ところが，補助金を申請した段階で，すでに補助金の財源が尽きていたため，今回の工事では補助金の交付を受けることができませんでした。

　その結果，当社は，そのお客様より，補助金相当額の工事費用を当社にて負担するよう求められました。

【ポイント】

　建築工事に関連して，補助金の交付，減税措置および復興支援・住宅エコポイントの交付などのさまざまな優遇措置が存在しています。これらの制度の多くは，何らかの利益を受けるために施主自身による申請などが前提となります。実際には，施主が申請などに関する知識を有していない場合も多いため，施工者が施主を代行して優遇措置に関する申請などを行う場合があります。

　施工者が施主を代行して補助金申請業務を行った場合に，同業務に不履行があれば，同業務が無償であっても責任を免れることはできません。

　また，施工者は，施主に対し，優遇措置を受けるための要件などを誤って説明した場合には，説明義務違反に基づく責任を負う可能性があります。それ以外にも，優遇措置が受けられる見通しなどにつき誤った説明を行ってしまうと，場合によっては，施工者の説明義務違反が認められる可能性もあります。たとえば，長期優良住宅の認定を前提とする補助金であれば，長期優良住宅の建築には，通常の住宅の建築よりも高額な費用が必要となりますので，長期優良住宅のメリットとともに同住宅を建築するのにどの程度の費用が必要となるかも説明をすることが望ましいといえます。補助金の交付を受けるためには，どのような住宅を建築する必要があるのか，同住宅を建築するためには通常と比較して，どの程度の費用が追加して必要となるかについて誤った説明を行った場合には，説明義務違反に基づく責任を負う可能性があります。特に，長期優良住宅の建築においては通常の住宅の建築と比較して高額な工事代金が必要となり，補助金を頼りに施主が請負契約を締結することも想定されるため，慎重な説明が求められることになります。施主の意に沿わない仕様のグレードアップなどにならないよう，補助金を申請した場合のメリットだけではなくデメリットについても説明することが重要です。

ZEH補助金を利用する場合でも，交付要件を満たす仕様にするためにグレードアップなどが必要となりますので，以上と同様の点に注意する必要があります。

＜参考事例②＞
【ケース】
　お客様が低炭素建築物の認定を受ける住宅の建築を希望していたことから，当社で認定の申請を代行することになりました。当社は，その申請を下請の設計事務所に任せていましたが，その設計事務所が申請期間内に申請することを忘れており，結局，低炭素建築物の認定を受けられなくなり，住宅ローンの減税も受けられなくなりました。

【ポイント】
　施工者が施主を代行して補助金等の申請業務を行った場合に，同業務に不履行があれば，同業務が無償であっても責任を免れることはできません。上記ケースの場合，施工者は，低炭素建築物の認定によって施主が得られたはずの利益などを賠償する必要が生じてきます。
　申請代行業務を引き受けた場合には，下請任せにせずにしっかりと申請期間の管理を行うことが望ましいといえます。
　なお，施工者は，施主に対して債務不履行責任に基づき損害賠償義務を負いますが，施工者は下請の設計事務所に対して，債務不履行責任に基づき損害賠償を請求することが可能です。そのため，上記のようなケースでは，施工者は，下請の設計事務所との間で，同設計事務所において，低炭素住宅の認定が受けられていれば得られたはずの住宅ローン減税などの相当額を負担する旨の覚書を交わし，解決を図ることも考えられます。もっとも，設計事務所に資力がなければ，最終的には，施工者の負担となりますので，上記ケースのようなトラブルを未然に防止することが重要です。

(5) まとめ
　補助金に関するトラブルは，見通しが不透明な事項について断定的な説明を行ったことから発生する場合が多くあります。
　そのため，住宅会社としては，営業マニュアルを作成して，オーバートークを禁止するなどの対応を徹底することが望ましいといえます。
　オーバートークによってお客様とトラブルになった場合，説明義務違反・消費者契約法違反などの責任を追及される可能性もありますので，十分に注意して説明することが肝要です。

対談 I

ZEHって難しくない，でも基本を知らないと落ちるよ

南 雄三 VS 秋野卓生

対談 II

落とし穴に落とされないための第三者検査機関が必要

大場喜和 VS 秋野卓生

対談 I

ZEHって難しくない，でも基本を知らないと落ちるよ

南 雄三（住宅技術評論家）vs 秋野卓生

今年のテーマは省エネ

秋野 私は毎年いろいろな法律のテーマで本を上梓していますが，今年のテーマは省エネだろうと予感しています。判例の事案ばかりだと内容が偏ってしまうので，技術者の方々は省エネの全般的なことや落とし穴的なことを知りたいと思いますので，後半は対談で構成することを考えています。

南 落とし穴とは怖いですね（笑）。

秋野 工務店は，耐震金物の設置や基礎の配筋は意識して取り組みますが，断熱，気密の施工だと意識はまだ強くありません。

例えば，図面上はグラスウール仕様なのにウレタン系断熱材を使っていると，「性能は変わらない」といっても契約違反になります。断熱材を取り替えるには，壁をはいで補修工事を行うことになるので，補修工事も大変ですが，補修工事費用は相当かかります。

南 弁護士はそういう相談を受けるんですね。

秋野 受けますね。私は，「健康住宅」「地震に強い家」の次のキーワードは「省エネ」と読んでいます。省エネでは，「ここに気をつけなければならない」といった視点でお話を進めたいと思います。

南 僕は今「断熱と省エネは分けて考えよう」といっています。今は断熱という言葉が減って，省エネばかりですが，僕らは「高断熱・高気密」から入りました。

切っ掛けは結露ですね。北海道では結露で土台が腐ることを研究していて，断熱したら気密をしなくてはいけないという結論になって「高断熱・高気密」という言葉が出きたんです。

ところが本州以西では高断熱・高気密という言葉を「暖かい」と「息苦しい」というイメージで捉えたので，「本州はそんなに寒くないし，夏暑苦しそうだ」みたいに，高断熱・高気密を受け止めようとしなかった。

気密は内部結露を防ぐことから始まり，次のステップで換気が入ってきます。換気を入口と出口で適正にするとしたら，スカスカでは決まらないので，高い気密性が必要になります。その目安が相当隙間面積 $2\ cm^2/m^2$ 以下。高断熱・高気密が始まったころは産官学でこうした基礎的な研究をして，目安となる性能を見つけてきました。だから，工務店でも知識を積み上げていくことができ

たのです。

　でも，今は省エネということで，一気にZEHまでいくわけですよ。とにかくゼロにすればいいわけだから，断熱・気密の目的とかの論理はぼやけています。

　そんな流れのなかで，施主にとって一番わかりやすいのは，暖かいとか寒いとかの感覚で，寒いと感じて「なぜ？」とサーモグラフィカメラで断熱の欠損や隙間を見つけてクレームをつけてくる。みんな何をやっているのかよくわからないまま，形だけ追っているんですよね。

秋野　そうだと思います。私たちの視点からいいますと，「省エネ」という言葉自体に明確な定義がなくて，イメージギャップが起こりやすかった。「健康住宅」も，定義が不明確でトラブルを起こしやすかった。トラブルが起こりやすい省エネと健康が概念的にドッキングして，私の依頼者の中には，広告チラシで「ZEH健康住宅」というキャッチフレーズを始めた工務店もあるので，「イメージギャップなどのトラブルが起きなければよいが…」と非常に心配しています。

南　そうですね。省エネ基準値でさえ，「温暖化のために，住宅はこのぐらいのエネルギーに抑えるべきだ」という概念からスタートしていないんです。「今の断熱・気密の技術レベルで実現可能な高いレベル」ということで，温暖地は壁・床に断熱材厚100 mm，天井に断熱材厚200 mm，窓はアルミサッシに6 mmペアという仕様に決められました。柱が105 mm角なんだから，断熱材を厚100 mmまで充填できる。サッシは普及度からいって，このレベルが精一杯…といった具合です。

　その結果，北海道よりも東京の方が暖房負荷を大きくしていいというおかしな評価で基準値がつくられました。本来，暖房負荷は寒冷地が大きくて，温暖地が小さくなるか，または全国同じにするかのどちらかでしょう。

　要するに技術レベルで性能レベルがつくられたのですが，16年前（1999年）のことなのでしかたないのかもしれません。でも2013年の改正でも，2020年の義務化を見据えて，外皮の断熱レベルは1999年基準をそのまま引き継いでいます。つまり寒冷地に厳しく，温暖地に優しく…。

　僕は，省エネ基準を真ん中に置いて，届かないレベルと超えたレベルを分けて考えようといっているんです。省エネ基準に届かないレベルの人たちは，我慢の小エネをしています。既存住宅で，省エネ基準をクリアしているのはたったの5，6%しかないといわれています。

　我慢の小エネをしている家を断熱改修しても，省エネにはなりません。でも，温度を上げることはできます。暖房していない部屋（非暖房室）の温度，そして，夜中暖房を停止した朝の温度を高めることができます。

　省エネ基準に届かないレベルは，このように省エネではなく温度を上げると

いう目的で断熱を考える領域だということです。

省エネ基準と呼びますが，まだその断熱レベルは省エネの域ではありません。
秋野 省エネ基準を実現するためには，高気密・高断熱をしっかり進めて，仕様ベースで「こうつくれば，こういう住宅になるよ」と積み上げていかなければいけないのに，ネーミングから先に入ろうとするからトラブルに巻き込まれるのではないかと心配になります。

温度は健康と快適に働く

南 日本は新築大国で，いつも新築イメージで考えています。

ヨーロッパはその逆で既存住宅のイメージです。ドイツでも新築は15万戸程度しかないのに，既存住宅の改修市場はその3倍もあるといわれています。

日本は我慢の小エネだから，断熱化して温度を上げることから始まります。これは居室間歇暖房が当たり前の日本らしい姿で，ヨーロッパでは既存の無断熱住宅でも20℃以上に暖房するので，湯水のように暖房エネルギーを消費しています。なので断熱性を高めることが，ストレートで省エネにつながります。まず温度から考えなければいけない日本と違って，欧州はとてもわかりやすいんですね。

秋野 確かに我慢して生活することができるので，省エネ化が進まない。逆に我慢しないで快適さを求めると，エネルギーロスが多くて電気代も大変なため，建物をどうにかしようという発想になる（笑）。

南 暖めて贅沢しようぜといっても，きっと動かないので，健康で断熱を薦めていくしかありません。僕は結露させないとかヒートショックを予防することの最低温度は10℃だと考えているのですが，省エネ基準の断熱レベルはこの10℃（非暖房室および暖房を停止した朝の温度）以下にさせないレベルということができ，つまり健康を維持するための最低レベルと考えています。

でも，朝起きたときの温度が10℃は間違いなく寒い。なので次に快適の最低を見据えなければいけない。それが15℃だと思っています。

僕は常々20℃-15℃といっていて，この意味は「日射が入った部屋は20℃（無暖房で）で非暖房室は15℃以上，夜中暖房を切っても朝15℃以上を保つ」というものです。

日中20℃以上になったLDKは，日が落ちた夕方には16〜17℃まで温度が下がりますが，そこから暖房してもエネルギー量は朝に比べて大きくありません。だから夜は暖房すればよいのです。でも朝は出掛ける前の小一時間で，外出する服装でご飯を慌ただしく食べれば，15℃でも無暖房のまま出掛けてしまいます。もちろん15℃はちょっと寒いのですが，だからといって暖房する

ほどではない…なんとなく騙されたような温度。僕はこれを「生殺し温度」と呼んでいます。この15℃を実現する目安としての断熱レベルを提案しているのが，HEAT20の推奨グレード（G1，G2）です。

秋野　HEAT20は，快適環境を維持するために住宅をどうつくればよいか，ということですね。施主に「こういう設計図書，仕様書でつくります」で契約しないと，「ZEHですか？　Nearly ZEHですか？」で契約すると，エネルギー計算をして届かなかったら，「これはZEHではないじゃないか」というトラブルが起きないかと心配になります。

南　ZEHは省エネの領域です。温度は健康に，そして快適に働きます。健康は最低限守らなければいけないけれど，快適は色々あってよいと思います。年齢差もあるでしょうし，寒冷と温暖の環境差もあるでしょうし，雪国と毎日晴れる地域の差もあるでしょう。

　全館連続暖房で絶対的な快適を求めてもいいし，冬に日射の多い地域では昼に日射を取り込んで得した気持ちになり，夕方とか朝は少し我慢でいいと思ってみたり。

　欧州は冬の日射量も少ないし寒冷だし，北海道のように全館連続暖房でしっとりと快適に生活するのが当たり前になっています。日本も我慢しないで，もっと暖めればよいのですが。

秋野　快適であることは生活するうえでの前提だ，という考え方ですね。

南　欧州では，暖かい生活をするのは人権なんです。だから暖める。だから断熱化して省エネに頑張る。日本は居室間歇暖房をよしとすることで，すでに省エネを実行しています。これを否定することはできません。だけど健康を阻害するような低温（10℃以下と僕は考えている）はダメで，それをクリアすれば後は個人の自由。

　快適性は，個人の自由という曖昧さで難しさを招くことが予想されます。暖房しないで「寒い」とクレームをつける人もいるだろうし，朝15℃はやっぱり寒いというクレームも起こるでしょう…。弁護士は，いくらでも仕事があると思いますよ（笑）。

秋野　2016年に，空き家法制で税制優遇が出ました。例えば，相続が起きて両親が住んでいた家が空き家になるときは，すぐ売れるようにしようとか貸せるようにしようとか，空き家になる前に子どもと一緒に三世代同居住宅にしようとか，そんな施策が出ています。

　私が空き家を勉強している中で，空き家になってから投資をして貸せる家，売れる家にするよりも，空き家になる前に住まい手が，例えば，快適に暮らそうと思って，断熱改修とか耐震改修とか目に見える範囲以上のリフォームをす

れば，その分相続対策にもなるし，自分たちも老後はハッピーだし，かつ売りやすくなるから，空き家問題対策に資する話にもつながると思いますね。

南 それはつながりますよね。

秋野 このお話は，エンドユーザーに「快適に暮らしていいんだ」ということをしっかり理解してもらう。そのほうが，工務店に「勉強しろ」というよりもよほど早そうですね（笑）。

南 「省エネと断熱を分ける」というとみんな変な顔するけど，日本的にわかりやすい話で，ヨーロッパにはない話です。

秋野 民族性の違いですかね。

南 我慢の小エネは日本だけですよ。韓国はオンドルで暖かいから，どこへ行っても暖かい。だからといって僕は日本だって全館連続暖房で暖かく生活するべき…といっているのではなくて，先程お話したように快適は色々あってよいと思います。僕は築70年の自宅を断熱改修してから22年の間，20℃-15℃で冬を過ごしてきました。僕は，そのパッシブ感覚が好きなんです。

温度は危ない

秋野 省エネの義務化の流れとHEAT20の仕様は，どのようなリンクの仕方をしているんですか。

南 僕としては，省エネ基準は健康を維持する最低基準だから，絶対にクリアしなくてはいけない。でも，快適とはいえない。快適の最低は15℃で，無暖房でやり過ごす限界。

なので，2020年に省エネ基準は義務化するけど，そのレベルを超えて快適の最低レベルまでレベルアップしなければいけない。健康の最低を10℃とすれば，それをクリアする目安が省エネ基準で，快適の最低の15℃をクリアするのがHEAT20のG1。それ以上の快適を求めるなら暖房して，省エネとしての断熱レベルを設定する。ZEHに向かうのも，全館連続暖房に向かうのもありで，それに見合った断熱レベルを計算する。

つまり，どんな温熱生活を希望するかを，施主に決めてもらうことから始まるということです。

秋野 「あなたは何度の家に住みたいですか？」「私は10℃でいいです」「15℃でいいです」「22℃でいいです」と選択するわけですね。

南 「10℃を切ってはだめですよ」みたいな，「そういう家は危険だから，僕はつくりたくありません」といえます。

秋野 すごく工務店受けしそうですけど（笑），逆に正しい知識をもたないと危ないですよね。

南 温度は危ないです。「15℃といっても目安だから」みたいな武装をしなきゃだめです。HEAT20でも基準値を発表するときは「だからといって，15℃になるとはいえない」といっていました。基準はすべてそうですね。

秋野 健康住宅がブームのときは，フォースターの建材を使うと健康的だということで，健康住宅というより，フォースターの建材を使っていますと仕様ベースにするほうが，契約内容どおりなのでリスクがなかった。工務店としては，最低レベルの15℃の家を確保したかったらHEAT20のG1ですね。

南 目安としてね。

秋野 HEAT20についてエンドユーザーに正しく意図を伝えるスキルをもち，それで了解を得ればその仕様で施工し，HEAT20は「もし温度が達しなかったときは…」基準の中に配慮されているので，建てた家が達成しなくても，「この基準どおりに建てさせていただきましたので」という検証ができれば，契約適合だからトラブルが起きにくいわけですね。ここから先は，基準がないんですよね。

ZEHは計算

南 ここから先はなくて，一気に世界基準と呼ばれるドイツのパッシブハウス基準とか，ZEHなんです。

秋野 このZEHが怖いなあと思って。実際にエネルギー計算してみたら，0.1％こっちに振れていたら瑕疵だと。

南 ZEHは，今まで経産省と国交省の二つに分かれていました。国交省はグリーン化事業で，経産省はネット・ゼロ・エネルギー・ハウスで進めています。ZEHの評価基準は同じですが，補助金の額が違ったり，グリーン化事業は工務店だけだったりの違いがあります。

　まず，20％省エネしなさい。そのうえで，再生可能エネルギーで収支ゼロにする。ただし，「その他（家電）」は除いての計算になります。

秋野 工務店がZEH登録ビルダーになって，出来上がった住宅のエネルギー計算をしたら，「あれ？　達してなかった」という心配はないですか。

南 計算はZEHになっていなければ認定されないけど，家電分（21.2 GJ）を除いてのZEHなので，実際の生活エネルギーがゼロになるわけではありません。

秋野 ZEH登録ビルダーなんていわないで，とりあえず最初は2軍からスタートで，Nearly ZEH登録ビルダーにしなきゃいけないんだよね（笑）。

南 いや，ZEHはそんなに難しいものではありませんよ。余ったら売って儲ける。災害時に停電になれば，自家使用できて安全…という領域のもの。スマートハウスのように頭がよくなくてもいいし，絶対に電力を買わないという意志でやるオフグリッドのようにストイックにならなくてもよい。

秋野 経産省がZEH登録ビルダー制度を導入すると，登録ビルダーにならないと時代から遅れてしまった工務店にみられると困るので，みんな登録してしまう。今度は，「うちはZEH登録ビルダーです」とホームページで書いた以上はやらざるを得なくなる。ところが，ノウハウも何もないから，ものの見事に失敗するというストーリーがあり得ます。

南 そんなことはないですよ。省エネ基準の一次エネルギープログラムで計算できるかどうかの話です。計算できれば，ZEHは太陽光発電を何キロ載せるか…の話です。多くのZEHが4～5 kWhの太陽光発電を載せてクリアしています。

みんなが勘違いしているのは，断熱をものすごく高めないとZEHにならないと思っていることです。だけどそうではない。6地域だったら，生活総合エネルギーの中で暖冷房の割合は4分の1しかないわけです。給湯や家電の方が大きい。家電はZEH計算から除外されるので，給湯の割合が大きくなり，断熱はイメージより存在感を薄くします。とはいえ給湯で頑張っても，太陽光発電が5 kWhくらいは載せなければいけないということだけです。

秋野 こういう基礎的なところを勉強せずに，とりあえず飛び込んでしまうと危険だけど，届かないレベルの人たちがきちんと勉強をして取り組めば，何も怖くはないんですね。

南 ZEHだろうが怖くない。

木造軸組住宅は，柱は105 mm角なので，断熱を厚100 mmで抑えないと，付加断熱になります。これが施工でもコストでも大変。そこで厚100 mmに抑えるとして，窓のレベルを高めることで，外皮の断熱性を高めることができれば楽になります。温暖地でG1レベルなら，断熱を厚100 mmに抑えたまま，窓を樹脂サッシ＋Low-E複層ガラスのようにレベルアップすればクリアできる範囲です。

変わるクレーム

南 以前は家づくりでクレームは少なかったし，クレームがあっても裁判にならなかった。今はクレームがすごく増えているんですか？

秋野 見た目にわかる欠陥住宅は急激に減っていると思います。昔はイメージギャップだとされていたのが，工務店の広告がどんどんハイレベルになっていくと，広告の期待値に合致した家かどうか，契約内容どおりかどうか，というクレームは増えていますね。

南 広告と違うことは大問題だよね。車なら燃費性能がある。けど家にはない。欧州は，エネパスのように住宅性能をきちんと示しています。日本も一次エネ

ルギーで計算することになったし，表示するラベルもできました。次の段階で，何がクレームで，何が訴訟になるかですよね。

秋野　確実にクレームになると思います。今まで地震に強いとか，弁護士の世界でいうと，設置されているべき金物がついていないとかが主流だった，基準に準拠した断熱や気密はあまりクローズアップされてこなかった。「地震に強い家」というキーワードから「省エネ住宅」とか「ZEH」というキーワードに変わると，エンドユーザーが契約を締結するに当たっての中心的課題，家づくりに関する指標が中心に据えられると，今までノーマークだった断熱や気密にボンボン矢が放たれていくようなイメージで，相当面食らいますね。

南　それは建築側では予想できないもので，予想できないことというのは弁護士側の話ですよ。

秋野　現実の裁判で提出された写真です。

　小屋裏で撮った写真だと思いますが，野縁の手前にウレタンフォームがあります。こっちにもウレタンフォームがあります。野縁部分があるので，野縁部分をふさがないと断熱欠損だ，というクレームです。

南　それは断熱欠損だよ（笑）。

秋野　今まで工務店は，こんな意識で施工していなかったと思いますね。

南　そんなことはないですよ。熱橋計算は断熱計算の中でします。グラスウールを入れたって熱橋ですから。断熱欠損部なんです。それは平均して計算するという計算の仕方が出ていますので，それで計算していたら文句はないんですよ。それでもケチをつけられたら，それは建築を超えた理不尽で，それは弁護士が戦うことなんですよ（笑）。

知識のなさが問題

南　一番怖いのは，「おかしいじゃないか」と施主にいわれたときに，営業マンがどんな対応をしているかですよね。僕にも，たまに施主から電話で問合せがあります。「高断熱・高気密だというのに寒いのですが」という質問。キッチンが結露すると営業マンにいったら，「換気が足りないからレンジファンを回し続けてください」といわれたらしい。レンジファンは「低」でも，300 m^3/時ぐらいの風量があるから，全体換気の２倍くらいあって，それはもう大きな熱損失で，寒くなって当たり前。営業マンが施主にクレームをつけられて，パニックになって咄嗟に愚かなことをいってしまう。その知識のなさは問題だよね。

秋野　今後 ZEH をつくり続けて，2020 年には半分以上は ZEH になります。登録ビルダーになると「うちも ZEH をつくります」とアピールするから，施

主から「窓を大きくしたい」とか「コストダウンをしたい」とか，いろいろな要請を受けてZEHではない家を設計して建ててから，「この家，ZEHではない」といわれても，いまさら補修しようにもできないので，大きなトラブルの原因になります。

南 今のような話は，僕は知らないよ（笑）。勉強しないことがどれだけ大きな話になるかが，この本の中で伝わればいいですね。

秋野 今の住宅トラブルは，手抜きというより説明不足，専門家責任といえばいいんですかね。

南 今，問題なのは，一次エネルギー計算プログラムもできたし，計算もできるようになったのに，断熱・気密の意味がわかっていなかったり，温暖化の意味がわからなかったり，何をやっているかわからないんですよ。

なのに，断熱・気密に目覚めた業者が気密の高さを自慢にしている。どれだけ気密にすればよいのかも知らないで，ただ凄い気密性なんだと威張って，それより低い気密性の家を「ダメな家」と愚弄する。こうして施主は不信感を膨らませていくんですよね。

省エネ計算はできるようになり，省エネで断熱は影が薄くなった中で，基本を知らないし，基本を教える場がないんです。断熱材は何がいい，充填か外張か，床断熱か基礎断熱か…を考えることに夢中で基本がない。

その基本を教えるものの一つに『自立循環型住宅への設計ガイドライン』があります。自立循環型住宅への設計ガイドラインを開発している研究チームが省エネ基準のプログラムをつくっているので連動しています。プログラムの根拠，エネルギー計算の根拠は，自立循環型住宅への設計ガイドラインを勉強すれば「なるほどな」とわかります。なのにガイドラインの講習を受けている業者はほんの一握りで，意味を知らないままプログラムをたたいているだけです。

地域に根ざす工務店の眼力

秋野 「快適に健康に暮らせます」ですから，こんないいキーワードはないと思います。これから家づくりをするに当たって，もしかしたらデザイン性以上に追求されてくる課題に対して，その期待値に応えられるレベルをもっておかないと，昔ながらの家づくりをしていたら，よかれと思ったけれどもクレームになったということが起こり得るから勉強してください，という話ですよね。

南 温熱的に健康な家とはどんなものかを想定し，それはしっかりクリアしたうえで，次にどんな温熱環境で快適に生活するかを想定し，必要な断熱レベルを求める。次に，小さな空調で快適を追求するための省エネを検討する。

それぞれで適当な断熱レベルを自分で計算すればよいのですが，それは無理

なので基準に頼る。それが省エネ基準だったりHEAT20水準だったり，パッシブハウス水準だったりします。

　でもそれはあくまで目安で，ピンポイントでは，朝の外気温が低い土地もあればそれほどでもない土地もあります。なので基準を目安にしながら実績を積んでいき，この土地なら断熱をプラスしなければならない…とかの勘を養っていく。この勘，つまり眼力が重要で，地域に根ざす工務店でなければできない実力となる…，こんな流れでしょうか。

秋野　自分のつくる住宅がどのレベルにあるかをしっかり知って，施主の要望に従って追加変更をすると，どういうことが起こり得るかを推察する能力があるかですね。

南　追加変更が問題になるのですね。

秋野　最初のモデルプランが，建材屋から「このままつくればZEHになりますよ」，といわれていたのが，ZEHでなくなるのが怖い。要するに，最初から自分で勉強する意思がなくて，与えられたものをやっていればZEHになるだろうという認識でやっていたら，追加変更している最中に，気がついたらZEHでなくなっている。

南　そのときは，「ここを変えたらZEHにならないですよ」といえればいいわけだよね。

秋野　そうですね。そのような知識をもって施主に対応すればいいんですよ。勉強する意思がないなら，建売のような形でやってもらったほうがまだいいんですが，それでは工務店もおもしろくないから，やっぱり消費者ニーズの流れの変化をキャッチして勉強することですかね。

南　僕が基本設計するときは，施主に「ここは寒いですよ」といいます。「ここは寒いから，ここにいないでね」みたいに。その一方で，窓のそばは寒いけど，縁側の障子を閉めれば熱的クッションになりますよと伝えます。そういうことを教えておかないといけないのです。設計の中でそうした弱点部は必ずでてきます。だからそれを正直に伝える。これができないと断熱住宅はただのPR文句になってしまうし，寒いといってクレームがきます。

　こうしたことは建築側の問題だけど，ちゃんとやっていてもクレームを吹きかけられたり，きちんと伝えてもダメだったり，伝え忘れたり，表示が緩かったりしてクレームになったりする理不尽なことは，建築側では想定外。こんなときは，「くだらないことで悩むんじゃないよ」と秋野さんが出て来て，「クレームがきたら俺が処理してやる」といってくれればいい。

　「でも，そんな無駄なことをやらないほうがいいよ」と事前のアドバイスをくれるという立場で弁護士側が居て，この本がある…ということですよね。

対談 II

落とし穴に落とされないための
第三者検査機関が必要

大場喜和（㈱ERI ソリューション）　vs　**秋野卓生**

自称「検査」の横行

秋野　私たちの事務所では，年間に 230 件前後の裁判案件を 20 人の弁護士が同時進行で担当していますので，現在データベースを構築中です。そのデータベースの中でも，特に省エネ，断熱に関連するトラブルを整理しています。

　断熱施工のトラブル事例で，困っているのは「サーモグラフィを使用したあら探し」ですね。ハウスメーカーの建物では，例えばグラスウールで住宅型式性能認定を受けて，実施工ではウレタンで施工したため住宅型式性能認定違反だ，という指摘を受けます。また，確認申請図書に記載されている断熱材と，実施工で使った断熱材の種類が異なっているとか，壁・天井用の断熱材を床下に使っているとか，ユニットバス周囲に断熱材がないという指摘も受けます。そして，よくあるクレームは「断熱材のわずかな隙間」ですね。

　これらのクレームは，施主がみずから見つけるのではなくて，調査会社の調査によって指摘を受けるケースがほとんどですね。

　私たちが紛争処理の中でいつも悩むことは，施主は家に不安がないかと思って，調査会社に「何かこの家に問題ありますか？」とチェックを依頼されることです。調査会社の調査からあら探し的にいろいろ見つけられて，紛争をたきつけられている気がします。

大場　そのとおりで，第三者検査と称する自称「検査士」が今非常に横行していますので，私たちも危惧しているところです。サーモグラフィも，使い方を間違えば正しくないし，断熱仕様は基本的には部屋ごととか全体を見なくてはいけないとか，いろいろな観点があります。部分的な仕様規定が違うとか，債務不履行という言い方が濫用されていますね。

　基本的に繊維系断熱材でないといけないわけではなくて，機能・性能的に熱伝導率などが同じであればどの断熱材を使ってもいいということは，省エネ基準でも認められています。材料が違うことと，性能が違うこととは，意味がまったく違います。そんな基本的なこともわからない人が検査をやっているんですよね。

　公的な検査機関としては，非常に心配になりますね。

秋野 瑕疵保険の検査対象は基本的に構造ですが，これからは省エネの断熱・気密も，施工会社が正しく施工しなければいけないし，チェックリストも充実させなければいけないと思います。

　このサーモグラフィの案件は天井付近をサーモグラフィで撮影していますが，換気扇を強にして回せば空気が引っ張られるため，温度差が起きたところをカメラで撮影したと思われます。

大場 それはサーモグラフィの正しい使い方でありません。サーモグラフィは定点観測で温度差があるとか，あるいは曇り日とか雨の日は非常に反応が悪いので，適正なデータは取れないのです。

　だから，適正な計測環境であったのかを明確に書き込むことと，温度差がある時間帯に何回か分けて定点観測して，そのデータを分析して初めてわかります。24 時間換気以外は，換気扇を切るのが前提です。

　検査の前提条件が間違っていれば，当然意図的な話になりますので，証拠能力はありません。

秋野 「こういう要件を備えていなければ，本来の検査たり得ないのだ」ということは裁判にはないので，すべて二次元の写真ベースで判断されます。

大場 そうなのですね。最近は昔のような大袈裟な雨漏りはあり得ないのですが，裁判官も現実離れしている大袈裟な絵を証拠で提出されると，いくらこちらが正確な計算値を提出しても，意外とそちらの心証にとらわれますね。

　任意検査の業界では，基本的な基準の共通事項が少ないのですね。基準が共通でないと第三者検査ではないと判断されますね。このサーモグラフィの撮り方は，第三者検査ではないと思います。

秋野 建物を建築するサイドでのチェックには，瑕疵保険の検査，性能表示の検査，あとは中間検査，完了検査がありますよね。

大場 今度，法律で長期優良住宅認定が制度化され，工事費などの融資のための住宅支援機構のフラット 35 も公的なエビデンスとなります。長期優良でもフラットでも現場検査を行ったものは一応使っていいことになりますので，公的な検査と同等ですね。

秋野 それぞれ検査の基準が定められていて，現場検査が行われるわけですね。私たちのトラブルの世界では，竣工後の建物が問題の対象になります。検査してみたら，いろいろな不具合が出てきます。例えば，住宅型式性能認定上はグラスウール 16 K 150 mm を施工することになっていましたが，実施工では発泡プラスチック系断熱材が使われていたりします。

大場 その場合の判断基準は機能性能としての断熱性能ですから，16 K 150 mm と同じ断熱性能，熱伝導率とか，逆に抵抗値という言い方もありますが，

その性能が同じであれば，発泡プラスチック系でも問題ないのですがね。今はJISで断熱材性能基準が統一されましたので，断熱材種が違っていても性能が同じであれば，目的は断熱性能なので，使用した断熱材が違うというだけでは理由にならないと思います。

秋野 私たちが設計事務所とか施工会社の側に立ってトラブル処理するときは，「断熱性能に違いがない」という形で主張していきたい。

他方で，施主の立場からは，「契約で約束した断熱材と違うから，契約不適合ではないか」というクレームを受けます。

大場 変な話ですよね。美観上の問題では，例えばクロスの色が打合せと違う場合は，「契約と違います」という話になります。機能性能の場合は，防水性とか耐震性とかの性能を基準にしますから，当然省エネ基準としての断熱性能なので，性能値が同じであれば，不適合ではないと思います。

このような合理的な検査ができないのですね。ただ「違うよ」としか言わない人たちが多すぎます。結局，民事だと，「それで損害は何なの？」という話になります。断熱性能の数値が微妙に変わっていても，損害は何かを立証できるかというと，そんなに損害が出るような差がないので立証できない。

理論的にきちんと説明しないといけないので，検査会社がクレームするような案件ではないと思います。

秋野 このあたりは基準がなくて，「確かに断熱材が違うから契約違反だ。でも，性能値が同じならば，問題はないのではないか」と。私たちトラブル処理の世界では，「だからいい」という根拠がないと，「機能性能が満たされているから問題はない」という結論にもっていけないので，しっかりとした根拠がほしいですね。

検査方法の確立

大場 基本的に，建築基準法などに省エネ基準はないので，住宅性能評価になります。明確にするなら，性能評価の等級がいくつかということですね。これまでの省エネ基準の等級1から4までが，今度は断熱等性能等級と一次エネルギー消費量基準になりますので，そこから切り替える必要がありますね。

これからクレームが出てくるのは，旧省エネ基準の問題ですね。性能評価で「等級いくつでやりました」と言えば，発泡プラスチック系断熱材を使おうが，繊維系断熱材を使おうが，断熱性能が適合しているか否かの判断しかしないので，本来問題は起きないと思うのですが，これらの施工不良からくる性能問題でしょうね。

逆に相手方が，断熱性能による損害は何が発生するのかを立証できるのか。

基本的に漏水とされる問題は，雨漏りがない限りは，結露の問題になります。一つは結露対策，もう一つが省エネ効果ですから，熱損失量，暖冷房効果・換気対策が適正かどうか，その機能の目的を明確にして，そのどこが損なわれたかが瑕疵の対象となります。

秋野 そうなんですね。建築士法は「その他業務」になります。建築士の資格があれば，「その他業務」として調査することができます。第三者検査では「こういう調査をしなければならない」とは，竣工後の物件には規定がないので，好き勝手に調査しています（笑）。

業界団体の検査マニュアルには規定されていないユニットバスの床下の断熱材施工では，ユニットバスの裏面に断熱材がついている場合は「別になくてもいいんですよ」というのもあれば，「ユニットバスの周りに断熱材がない」ので「瑕疵だ」というのもあります。

大場 公的には建設住宅性能評価の既存ですね。ただ，建設住宅性能評価の既存は現況調査だけ必須ですが，今回選択項目に加わった省エネ基準とか劣化対策等級には新しい基準が決められましたので，それに従って調査するのが一番公的です。

もう一つは，長期優良住宅の認定制度で，増改築は建設住宅性能評価の既存の等級が適用されますので，その基準で調査を行うことになります。その二つの制度が使えますね。

秋野 それは，私たちのトラブルで「こういう瑕疵だ」という鑑定書として使えますか。

大場 その制度項目を依頼されて，住宅性能評価機関が正式な評価書を発行すれば，一番公的なエビデンスになります。

そこでは，劣化度の判断が問題になります。機能性能がどうかということと，早期劣化をどう判断するかです。早期劣化は，通常の経年劣化ではないので瑕疵になります。それで，不具合と早期劣化と分けた言い方をしています。

秋野 劣化度の検査方法には，段階的に目視による検査，機器による検査などがあるんですよね。その検査結果を十分に分析して，不具合か瑕疵かを判断するわけですね。

特にトラブルで困るのは，施主が「これが瑕疵だ」「あれも瑕疵だ」と，一級建築士などにいわれることを鵜呑みにしてしまうことです。それが将来，「実は瑕疵ではなかった」という話になると，検査費用を払ったり，裁判訴訟費用をかけたのに，「何だ，そもそも最初の検査が間違っていたんではないか」という結論になると，すごくかわいそうになります。

大場 そうなのですね。一般の方は一級建築士の良し悪しや能力の区別はつか

ないのですよね。

秋野 マスコミなどに出演して注目される人は集客力があるので，検査案件をたくさんもっていて，「あっちも問題だ，こっちも問題だ」といい出すと，施主は「お金を出したかいがある」と糠喜びして，無益なトラブルがたくさん起きることになります。

大場 3年前に，既存住宅に関して「インスペクションガイドライン」が国交省から出るときは，相当具体性のあるガイドライン策定に協力をしましたが，検査をやることを国民に浸透させることが，国交省のスタンスなので，インスペクションガイドラインが具体的な検査マニュアルかというとそうではなくて，あくまで指針なので考え方なのですね。

検査士としての認識をもって勉強した人が，一般消費者に対応できるシステムづくりは国交省では難しいので民間でやるしかないと思います。私は「建築検査学」という新しい学術分野の提唱と大上段に振りかぶったまま，まだ下ろせないでいますが（笑），横断的・包括的にやらないと検査は成り立たないのです。

躯体としての構造も断熱に関係してきます。基本的な躯体構造が間違っていれば，断熱性能が落ちることもありますし，熱橋部位も出てきたりします。構造問題に起因して隙間が発生したのに、サーモグラフィで検査して「熱橋があります。断熱は不十分」と言って，その箇所を補修させます。構造に起因しているので，その断熱補修だけでは根本的な断熱問題は改善できていないので再発することになります。

検査では，根本的な理由・原因がわからないと対策は立てられないので，本当の瑕疵の原因はわからないのですね。

秋野 そう思いますね。

大場 断熱に関しても，瑕疵保険でも品確法でも，特定住宅瑕疵，構造耐力上主要な部分と屋根・壁・開口部周辺からの雨漏りの二つしか公的な瑕疵として認められていません。今まで断熱性能を法律的に「瑕疵」という位置づけはできていないので，単純に債務不履行ですね。「法的瑕疵には関係ない」という話です。

雨漏りは認定するけれど，結露は生活習慣による結露なのか，基本的な性能が欠如している結露なのか，その判断は難しいので，住宅性能評価には結露対策等級はなくて，断熱等級に「結露対策はこうしましょうね」ということだけ規定されています。

秋野 結露でいいますと，全瓦連の瓦施工のガイドラインでは，「釘打ちをせよ」となっています。ところが，屋根屋は釘打ちすると，その釘を打ったところか

ら結露するので,「雨漏りだ」というクレームが出てくるので釘を打ちたくないといいます。

大場 先生がいわれた釘穴止水性は,単純にボードだけではなくて,防水紙の性能にも関係します。防水紙がゴムアスファルトルーフィングだと締まるので,結露の問題は起きません。現在,日本建築学会で「木造住宅の外皮の防水設計施工指針」の策定作業中です。この指針ができれば,それを見ながら先生方が判断して,「こういった業界標準仕様をやってないから,配慮不足ではないか」といえると思いますね。

省エネに関していえば,施工の問題ですね。専門の人が施工してない場合に発生している結露とか,断熱性能の欠如がやたら多いですね。業界の方に声を出していいたいのは「少し勉強不足ではないのか?」と。同じ性能の材料を詰め込んでもだめだという話があって,繊維系断熱材なら気密シートを内側に貼りなさいとか,袋入りならその耳を留めなさいとかです。使用する材料は正しいけれど,結露するのは,その施工方法が間違っているからです。

秋野 そうですね。

検査士制度をつくる

大場 一番大きな問題は,多能工化と施工不良の関係です。近年は職人が屋根・外壁などの層構成の多様化で多能工化していますが,断熱施工は非常に難しいので,断熱施工士という職能を新たに分類しないと問題になると思います。大工職人とか外壁職人が多能工として適当に断熱施工しているケースが多いので,多能工化をどう適正化するかということです。工務店も反省しないといけないのは,断熱施工に対する認識がすごく甘い。

もう一つの問題は,国交省の建設業法の職能区分です。建設業法に,窯業系サイディング業者の業種はないので,石タイル工事業か,金属屋根とか金属のサイディングは板金業としてやっています。建物外皮の層構成がすごく複雑になってきたので,工程上,多能工化するのはしようがない。

断熱施工は非常に難しいので,職能の中に断熱施工士を位置づけてほしいですね。審査側も設計上の計算とかはいろいろチェックしますが,設計上の計算値による適正な断熱施工は難しいですね。

秋野 工務店はついていけないですよね。

大場 感覚的には,経産省は生産者メーカーのサポーターで,国交省は規制側ですが,最近 ZEB と ZEH が制度化されましたね。

ZEH は住宅のゼロ・エネルギーで,私たちは教える側ですが,工務店はとんでもない「何言っているの?」という感じです。

秋野　経産省の補助金をもらうためには，ZEH 登録ビルダーにならなければいけない。ZEH 登録ビルダーにならないと，「時代についていけない工務店」と見られるので，みんな ZEH 登録ビルダーに登録します。登録すると，ホームページやカタログに「ZEH」「ZEH」と謳いたくなります。

　ZEH の定義は，エネルギー消費量が正味ゼロまたはマイナスの住宅なので，このラインから外れてしまうと瑕疵になります。

大場　ゼロ・エネルギー相当の BELS を表示させることで低炭素化住宅生産は促進されますが，経産省と国交省の制度・政策が混在しています。届出義務という規制的なところは国交省が担当し，誘導的なところは経産省が補助金制度を打ち出しています。このあたりが輻輳しているので，一般の工務店には非常にわかりづらくなっています。

　非住宅の ZEB に対して，住宅は ZEH。ZEH は経産省，ゼロ・エネは国交省の管轄です。だから，「ゼロ・エネ」ニアイコール「ZEH」なんですね。

秋野　ニアイコールだから，引っかかりそうな気がしますね。

　専門家のアドバイスは最初が重要です。私たちも「裁判で勝てますか？　負けますか？」と聞かれて，「勝てますよ」と答えれば，お金を払ってでも「裁判やりましょう」になってしまいます。最初の見立てが間違いだと，最終的にはクライアントが大損を被ります。

　検査の世界も同じで，検査して問題がなければ「問題がない」，問題があれば「問題だ」と，プロフェッショナルなこの基準をクリアしているから，間違った見解はしない。

　裏返せば，出てきた検査結果に，工務店が自動的に従うくらいの権威がないと，「何か検査がおかしいんじゃないの？」「あら探ししているんじゃないの？」と見られますと，結果的にその検査を必要とする消費者の利益にはなりません。

　体系化された基準をみんながスタンダードな基準として守り，消費者に対して不利益なうそをつくような見解書に対しては，市場から退場してもらうような……。私たち弁護士の世界でも懲戒制度があって，「そういうことをやってはだめだよ」という戒告とか，業務停止とか，自浄作用が働く場があります。

　検査の業務に関して，そういう規制の中でのペナルティを課す場がないので，集客力が高く，消費者に近い，テレビとか雑誌に出てくるところに消費者が集まってきますね（笑）。強引につくろうとすると，建築士法の設計・工事監理，その他業務の「その他業務」において不誠実行為をしたという形で，「こんな消費者をだますような報告書，検査してはだめではないか」ということですね。

大場　確かに検査に関して罰則規定を明確につくるなら，検査士制度をつくるしかないですね。

第三のプロフェッションを目指す

秋野 工務店業界は裁判をしたくないし，悪いところを指摘されたらあやまって直すのが施工会社の普通のスタンスです。常識的なことを常識的にいってもらうところを制度化しないと，あら探しビジネスは儲かるので，もう止まらないですね。職業倫理がきちんと倫理規定化されて，その倫理規定を逸脱するような行為に対しては，消費者にわかる形でイエローカードが貼られるようなシステムがほしいですね。

大場 倫理規定があって，懲罰規定は当然ですよね。そういう団体は必要ですよね。

秋野 お願いしますよ（笑）。

大場 法・制度や確立した学術的データベースに基づき，適正に検査をするような機関に所属し，明確に論理的説明責任を果たせる検査士でないといけない。検査依頼人の相手方工務店などにミスがあって施工不良として損害賠償請求するためには，技術論が一番重要ではありますが，法律論も含めてきちんと説明できなければある意味では詐欺ですよね。

　今後検査業界がどんどん混乱していく中で，きちんとした一義的な倫理と技術をもった団体は必要だと思いますね。

秋野 「指定確認検査機関の検査員の資格を持ってないと，検査してはいけない」という制度になれば，いいですね。

大場 指定確認審査機関はある意味法令照合機関ですから，関係法令との照合のみをすることで中立・公正さを保っているわけです。「ここが間違っている。こう改善しましょうね」とアドバイスすることはできません。やはり，別制度にしないといけませんね。

秋野 全体的に検査を実施するところのレベルを向上させて，職業倫理に基づいて，やっていい範囲・やってはいけない範囲を明確に定めて，「ここが言うことならば，だれもが従う。一々反論など寄越さない」という仕組みになると，このトラブルの数はガクンと減ると思います。

大場 日本では，弁護士とか医者の社会的地位が高い。何故かと考えてみると，法・医術のプロフェッショナルが倫理規定の自律機能をもったプロフェッションだからというのが私の考えです。

　検査士は，建築という人命にかかわるものを検査対象とするので，検査士も同様に高い技術と倫理規定をもったプロフェッションでないといけない。だから，検査士は，弁護士・医者に次いで，第三のプロフェッションを目指すべきですね。

省エネ住宅に取り組む工務店が
気をつけたい落とし穴
――法的観点から

発行	2017年4月11日 第1版
著者	匠総合法律事務所
発行者	橋戸幹彦
発行所	株式会社建築技術

〒101-0061 東京都千代田区三崎町 3-10-4 千代田ビル
TEL03-3222-5951　FAX03-3222-5957
http://www.k-gijutsu.co.jp
振替口座 00100-7-722417

造本デザイン	春井 裕（ペーパー・スタジオ）
イラスト	梅田屋寿々子
印刷・製本	三報社印刷株式会社

落丁・乱丁本はお取り替えいたします。
本書の無断複製（コピー）は著作権上での例外を除き禁じられています。
また，代行業者等に依頼してスキャンやデジタル化することは，
例え個人や家庭内の利用を目的とする場合でも著作権法違反です。
ISBN978-4-7677-0154-7
ⒸAkino and Ariga L.P.C 2017
Printed in Japan